2023年度浙江省哲学社会科学规划年度课题"'文体旅'深度融合推动城市旅游经济韧性发展：理论逻辑与实现路径"（23NDJC360YB）

新发展格局下
我国旅游业
高质量发展研究

郑昭彦　著

A Study on the High Quality Development of
China's Tourism Industry
under the New Development Pattern

ZHEJIANG UNIVERSITY PRESS
浙江大学出版社
·杭州·

图书在版编目（CIP）数据

新发展格局下我国旅游业高质量发展研究 / 郑昭彦
著. -- 杭州 ： 浙江大学出版社，2024.4
ISBN 978-7-308-24855-6

Ⅰ. ①新… Ⅱ. ①郑… Ⅲ. ①旅游业发展－研究－中
国 Ⅳ. ①F592.3

中国国家版本馆CIP数据核字(2024)第080468号

新发展格局下我国旅游业高质量发展研究

XIN FAZHAN GEJU XIA WOGUO LÜYOUYE GAO ZHILIANG FAZHAN YANJIU

郑昭彦　著

责任编辑	赵　静
责任校对	胡　畔
封面设计	林智广告
出版发行	浙江大学出版社
	（杭州市天目山路148号　　邮政编码　310007）
	（网址：http://www.zjupress.com）
排　　版	杭州林智广告有限公司
印　　刷	杭州高腾印务有限公司
开　　本	710mm×1000mm　1/16
印　　张	7.75
字　　数	130千
版 印 次	2024年4月第1版　2024年4月第1次印刷
书　　号	ISBN 978-7-308-24855-6
定　　价	68.00元

前　言

当前和今后一个时期，我国发展面临的国内外环境日趋复杂，不稳定、不确定性增加。在错综复杂的宏观环境下，我国旅游业该如何发展？

旅游业发展正走出长达40年的高速发展期，开放、人口红利等传统红利正在消失，推动我国旅游业转型升级的新动能在哪里？

"十四五"规划和2035年远景目标纲要提出了要构建以国内大循环为主体、国内国际双循环相互促进的新发展格局，旨在回答"如何实现新阶段新目标"问题。新发展格局战略，必然对我国旅游业发展提出更多和更高的新要求，它不仅为我国旅游业发展指明方向，而且有助于推动我国旅游业的高质量发展。

旅游业高质量发展既是经济发展阶段演进的本然性要求，也是适应我国社会主要矛盾变化的客观需要，更是顺应我国旅游业市场环境变化的必然结果。旅游业高质量发展是以新发展理念为指导思想，以供给侧结构性改革为主线，通过创新驱动发展战略，以满足人民群众对美好生活向往需求为根本目标的强可持续性发展。

当前，我国旅游业高质量发展已经取得阶段性成效，发展质量提升，区域协调发展，旅游创新迈上新台阶，旅游成果实现共享；但同时，高端要素不足、供需不匹配、制度滞后等诸多要素又制约了旅游业高质量发展的顺利推进。改革赋力、创新赋能、文化赋值、协调赋利等是新发展格局下我国旅游业高质量发展的推进方向。

本书分为理论篇和实践篇，共8章。理论篇主要内容：第1章梳理我国旅游业高质量发展研究的脉络；第2章理清新发展格局与旅游业高质量发展的关系，并提出旅游业高质量发展的内涵框架；第3章阐述新发展格局下我国旅游业高质量发展的历史逻辑、理论逻辑和实践逻辑；第4章构建我国旅游业高质量发展的驱动系统，并分析驱动系统的作用机理。实践篇主要内容：第5章总结我国旅游业高质量发展的阶段性成效和攻坚难题，剖析新发展格局下我国旅游业高质量发展的实现路径；第6章、第7章和第8章分别探索数字化、产业融合、公共服务等赋能旅游业高质量发展，并分析旅游领域6个典型案例，从中挖掘典型案例的做法和具有启示意义的亮点举措。希望本书能够为旅游领域的研究者、从业人员以及一般读者提供有益的参考与启示。

本书是浙江省社会科学规划课题成果，得到浙江省哲学社会科学规划年度课题（项目编号：23NDJC360YB）基金资助。此外，旅游业创新发展的优秀案例为本书的写作提供了素材。在此对所有支持本书完成的人员和机构表示衷心感谢。

目录

— 实践篇 —
新发展格局下我国旅游业高质量发展的实践探索

新发展格局下我国旅游业发展的理论认识

· 第一章 ·
我国旅游业高质量发展的研究现状

一、引言

党的十九大首次提出了"高质量发展"这一新表述，标志着我国经济由高速增长阶段转向高质量发展阶段。高质量发展成为一个重要的时代课题。自此，学术界开始重视对经济高质量发展的理论研究。"高质量发展"一词开始被广泛应用于经济学、教育学、管理学等领域，"高质量发展"这一概念正日益受到理论研究和实践应用的重视，并成为各行各业改革的重要目标。

作为满足人民对美好生活向往的幸福产业，旅游业发展也进入了新的发展阶段。旅游业发展不平衡、不充分亟须解决，旅游业转型升级迫在眉睫，高质量发展成为破解旅游业发展难题的必然选择。"十四五"旅游业发展规划更加明确地提出了我国旅游业实现高质量发展的要求。旅游业改革实践的不断深入，必然对我国旅游业高质量发展研究提出更新、更高的要求。为了清晰地把握我国旅游业高质量发展的研究热点，掌握研究趋势，必须对旅游业高质量发展相关研究成果进行全面的文献分析，这对未来研究具有重要意义。

二、研究设计

（一）数据来源

以中国知网数据库的期刊论文为数据来源，检索日期为2022年6月13日，检索条件为："主题=旅游业高质量发展，精确；时间范围：截至2021年底；来源类型：全部期刊"，共得到614条检索结果。剔除调研报告、会议综述、通讯报道等非学术类文献以及重复性检索结果，最后得到572条有效检索数据。

（二）研究方法

用CiteSpace软件进行关键词分析，以关键词共现网络聚类、关键词聚类知识图谱、关键词贡献网络时区谱图、高强度突现词等分析旅游业高质量发展的研究主题热点和研究前沿。

三、旅游业高质量发展研究热点分析

关键词共现分析可以帮助找到旅游业高质量发展研究领域最重要的研究聚集主题，从而把握我国旅游业高质量发展的研究热点。通过CiteSpace运行得到关键词共现聚类知识图谱（如图1-1所示），聚类标签采用LLR算法，共得到9个大小不一的聚类，分别为：城市形象、旅游业、乡村旅游、文旅融合、城市品牌、全域旅游、体育经济、旅游经济、主办城市。谱图参数信息显示，Modularity Q=0.6238，Mean Silhouette=0.8674，两者均大于临界值，说明聚类结构合理且有效。

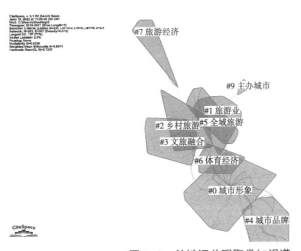

图1-1　关键词共现聚类知识谱

结合关键词共现网络聚类表（见表1–1），我国旅游业高质量发展研究热点内容主要包括以下几点。

表1–1　关键词共现网络聚类

聚类号	聚类大小	标签词（前5个）
0	39	城市形象、高质量发展、传播、短视频、城市文化
1	28	旅游业、黄河流域、城市形象、生态保护、产业链
2	23	乡村旅游、乡村振兴、路径、产业融合、新时代
3	18	文旅融合、文化产业、红色旅游、转型发展、博物馆
4	16	城市品牌、标志性体育赛事、大数据、品牌传播、城市价值
5	14	全域旅游、对策、建议、策略、利益相关者模型
6	9	体育经济、城市发展、高质量、旅游、大型体育赛事
7	7	旅游经济、海洋经济、障碍因素、指标体系、张家界
9	3	主办城市、冬奥会、互动关系、整体形象、旅游效应

研究热点1　高质量发展视域下的城市形象传播

共现标识词有：城市形象、高质量发展、传播、短视频等。改革开放40多年来，中国城市功能不断得到提升，城市发展进入新的历史时期，在对外开放深入发展的进程中，城市功能提升需要城市规划与城市营销战略相互促进，有序、均衡、稳步发展。（张丽，2019）新媒体的迅猛发展为城市传播提供了多样化的平台和媒介。微视频讲究短文本、快节奏、多渠道传播，并试图从平民化的视角让受众产生强烈的情感共鸣，产生了良好的传播效果。（刘毅菲，2020）微视频、短视频结合场景化营销，有效实现了商业价值。（张喆，2019）尽管如此，短视频里的城市形象与官方宣传片中的形象有着一定的差异，地方政府在进行城市形象传播时，应积极介入短视频城市形象传播活动。（李亚铭、张雯暄，2020）作为多媒体内容传播平台的短视频，提供了极为便利的声、光、画、影等全面兼容的多元信息呈现方式。在短视频平台的城市形象传播中，城市中存在客体的繁杂、传播主体的差异性和符号本身指代意义的多重性，因而所运用的形象符号涉及多个类型和多个维度，为一座城市的整体印象图提供了拼搭材料。（谭宇菲、刘红梅，2019）。此外，大型赛事活动所蕴含的核心价值、文化内涵、标识特征、服务功能等都是城市形象的重要构成，为城市的形象塑造及传播发挥着积极作用。（杨琳、许秦，2019）。例如，通过不同媒体传播方式对马拉松赛事进行海量报道和宣传，从而实现城市相关构成要素的高曝光率，达到提升城市知名度、塑造城市形象的目的，这已成为举办城市的普遍行为。（王相飞等，2020）

研究热点2 黄河流域旅游业高质量发展

共现标识词有：旅游业、黄河流域、生态保护、产业链等。2019年习近平总书记在黄河流域生态保护和高质量发展座谈会上明确指出黄河流域生态保护和高质量发展的重要战略意义。①黄河流域生态保护与高质量发展是适应时代发展所需的国家战略，也是探索区域和流域综合治理的重大战略。（汪彬，2021）旅游业发展对实现黄河流域生态保护和高质量发展具有重要意义。如何在经济发展与生态保护之间取得平衡更是黄河流域发展所面临的重大挑战。（王胜鹏等，2020）从2004—2019年黄河流域九省（区）旅游业与生态环境协调发展度来看，旅游业与生态环境协调发展一般，生态环境状况整体欠佳。（屈小爽、徐文成，2021）从黄河流域旅游业发展情况来看，黄河流域旅游业综合发展水平较低，区域间发展程度差异较大（屈小爽、徐文成，2021）；高级别景区整体呈"大分散、小集聚"的分布状态，空间分布类型以凝聚型为主（李冬花等，2020）；黄河流域九省（区）旅游产业高质量发展适配度呈现下降趋势，地区不均衡问题凸显，呈现自西向东阶梯递减格局（张新成等，2020）。要实现黄河流域旅游业高质量发展，应树立生态环境优先理念，构建区域协同发展机制，实施科技创新驱动策略和"文化+生态+旅游"发展模式。（屈小爽、徐文成，2021）

研究热点3 乡村旅游的高质量发展

共现标识词：乡村旅游、乡村振兴、路径、产业融合。乡村旅游的高质量发展是实现乡村振兴的重要路径，也是助力脱贫攻坚高质量完成的重要抓手（王

① 习近平：《在黄河流域生态保护和高质量发展座谈会上的讲话》，《求是》2019年10月15日。

莹莹，2021）。深刻理解乡村旅游高质量发展的内涵，对乡村旅游发展具有重要意义。从宏观层面来看，乡村旅游高质量发展是全面均衡的发展；从产业层面来看，乡村旅游高质量发展是产业不断转型升级的发展；从企业经营层面来看，乡村旅游高质量发展是企业保持产品质量可靠性与持续创新的发展。（吴彦辉，2021）尽管乡村旅游近些年得到了快速发展，但是要实现高质量发展仍需要克服诸多困难：缺乏科学规划、开发无序，缺乏项目特色、同质化严重，乡土文化淡化、过度商业化，管理经验缺乏、粗放经营，营销重视不足、缺乏品牌影响力。（孙伟等，2021；王莹莹，2021）乡村旅游高质量发展要在因地制宜的基础上形成"四位一体"的发展机制，在政策支持、多元协作、业态融合、利益联结等方面共同作用、协调匹配，强化统筹规划的科学性、参与各方的协作性、融合业态的创新性、利益联结的合理性，以"乡村旅游+"推进农村三产融合，在全面推进乡村振兴的进程中释放出更大效益，更好地助力农业、农村现代化。（柯晓兰，2021）

研究热点4 文旅融合与旅游高质量发展

共现标识词：文旅融合、文化产业、红色旅游、博物馆等。文化与旅游融合发展是高质量发展的必然要求，是实现旅游业高质量发展的重要途径（刘治彦，2019），也是我国文化产业与旅游业发展的新趋势（周锦、王廷信，2021）。红色旅游是融合了旅游产业与红色文化的新兴业态（葛雪梅等，2021），要推动红色旅游高质量发展，必须加快构建红色旅游产业生态圈。红色旅游产业生态圈是由相关主体、环境以及功能构成共同作用形成的系统化、多元化、多维度、高效益的生态系统。（马勇、唐海燕，2021）革命老区拥有许多珍贵的革命文物，让革命文物"活"起来，推动革命文物利用与红色旅游高度融合（冯海英，2020），对革命老区建设具有重要的现实意义。文旅融合背景下，博物馆与旅游业融合发展是博物馆面临的新课题。从融合机理来看，博物馆与旅游业融合发展的基础在于博物馆的高资产通用性与旅游业的无边界性；从融合动力来看，博物馆谋求高质量发展的推力、旅游市场需求的拉力、旅游市场竞争的压力及政策引导的支持力构成了推动博物馆与旅游业融合发展的动力体系；从融合路径来看，博物馆与旅游业的融合可通过对价值链的解构与重构两个阶段来实现（刘阳，2019）。

研究热点5 全域旅游与高质量发展

共现标识词有：全域旅游、对策、建议、利益相关者模型等。发展全域旅游是实现旅游业高质量发展的有效途径（黄鹰西，2021），也是新时代旅游业高质量发展的核心战略。（丰晓旭、夏杰长,2018）发展全域旅游，一个突出的问题就是如何衡量和评价一个区域的全域旅游发展效果。讨论全域旅游的评价问题有助于认清现阶段我国旅游业的成熟程度，改变只强调数量和规模的产业发展思路，梳理产业综合质量发展观。（丰晓旭、夏杰长，2018）自2016年首次提出"全域旅游"概念以来，我国全域旅游发展水平得到了较大提升。尽管如此，就具体地方而言，全域旅游发展还存在一些问题。比如贵州六盘水全域旅游发展存在粗放式经营、旅游设施不完善、运作机制不协调等问题（葛知萍，2021）；广东全域旅游发展的主要短板有产品总量供给不足与结构性矛盾突出并存、公共基础设施和服务不够规范便捷、旅游资源整合和协同发展能力有待提高等（庄伟光、邹开敏，2019）。有学者引入利益相关者模型来理解全域旅游中的共建共享，认为全域旅游发展的核心利益相关者可界定为政府、企业、社区居民、游客四大群体，全域旅游发展中存在的问题及建议都可以借助政府—企业—社区居民—游客四位一体的核心利益相关者模型来阐述和解析。（黄鹰西，2021）

研究热点6 体育经济与高质量发展

共现标识词有：体育经济、城市发展、高质量、大型体育赛事等。《体育强国建设纲要》明确指出要做大做强体育产业，《关于促进全民健身和体育消费推动体育产业高质量发展的意见》也提到要大力发展体育旅游业。在我国经济转向高质量发展阶段的背景下，促进体育旅游业高质量发展是重要任务之一。"高质量"是对体育旅游业发展水平的界定。国家政策驱动力、消费者需求拉动力、产业融合推动力以及科技创新支撑力等是促进体育旅游业高质量发展的动力要素。

（曾玉兰、沈克印，2020）近几年，我国相继举办了全运会、奥运会等大型体育赛事，大型体育赛事活动在推动城市发展和区域经济发展方面起到了重要作用。大型体育赛事通过经济增长、结构升级、人的全面发展、重塑城市形象和绿色发展等效应，助推城市高质量发展。（师博、任保平，2021）此外，马拉松赛事也是近些年的热点体育赛事之一。从马拉松赛事与城市旅游进化视角来看，马拉松赛事与城市旅游发展既有工具理性的属性，又兼具文化表达的功能。（许春蕾等，2020）要实现体育旅游业的高质量发展，就要在充分挖掘其发展动力要素的基础上，深入贯彻高质量发展内涵，建立健全政策制度，加大资金扶持力度；积极推动体育旅游公共设施与服务建设，创造良好的旅游环境；以市场、人民需要为依据，创新研发体育旅游特色产品，打造精品体育旅游赛事；构建科技赋能的智慧体育旅游产业链等。（曾玉兰、沈克印，2020）

四、旅游业高质量发展研究演化分析

"高质量发展"是2017年党的十九大首次提出的新表述。旅游业高质量发展理论研究是随着"高质量发展"一词的提出而产生和发展的。由图1-2可知，近五年来有关旅游业高质量发展的研究文献数量逐年递增，从2017年的5篇增长到2021年的213篇。尽管该理论研究起步晚，但发展势头良好。

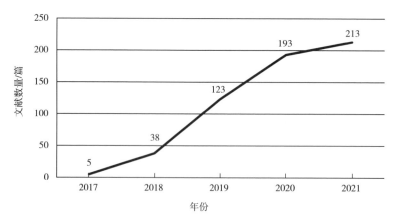

图1-2　旅游业高质量发展研究文献数量年度变化

结合近五年的高频关键词及其突现词（见表1-2），分析总结旅游业高质量发展研究热点的演进脉络如下。

1.大数据对文旅产业发展的作用探析

大数据是赋能文旅产业高质量发展的重要手段。"大数据"这一关键词于2017年突现，突现强度为2.98。相关研究主要关注大数据在标志性体育赛事整合营销传播及城市建设中的作用。随着数字技术的发展，深入推进"大数据+旅游"融合发展，以大数据等新一轮科技革命推进文旅产业高质量发展，是文旅产业发展的趋势所在。

2.基于高质量发展视域的城市形象传播

"城市形象"这一关键词于2018年突现，突现强度为8.99，是突现强度最高的关键词；其次是"传播""城市品牌"等。此阶段文献研究集中在城市领域，主要研究高质量发展视域下的城市形象传播以及城市品牌建设等问题。当前，我国已经进入以城市形象管理促进城市高质量发展的关键时期。（宋迎昌，2019）城市形象和品牌作为城市的软实力，对城市高质量发展起到了重要的推动作用。大力加强博物馆建设、举办大型体育赛事等都是塑造城市形象的重要手段和途径。博物馆作为城市重要的文化地标和文旅资源，如何挖掘博物馆的"旅游影响力"，提升"国内异地观众占年观众量比例"，增加"国外、境外观众人次"，是促使更多地标型博物馆诞生并为城市文旅融合做贡献的佳径。（郑奕，2019）大型体育赛事助力城市发展，要不断深化对赛事的认知并挖掘赛事的多元价值，持续增强赛事举办与城市发展的"耦合作用"，推动城市制度、管理水平和文明程度的不断进步，进而成为城市国际化的"助推器"。（罗玉婷等，2019）

3.短视频在城市形象传播中的作用探析

"短视频"这一关键词于2019年突现，突现强度为2.84。随着互联网技术的发展，短视频的城市形象传播作用受到关注。以抖音为代表的移动短视频平台发展迅速，使城市形象传播建构有了新的载体和渠道（杜积西、陈璐，2019），相继打造出了西安、成都、敦煌、重庆等诸多网红城市（邓元兵、赵露红，2019）。随着网红城市的兴起，政府部门开始了解短视频的场景营销模式，让城市旅游资源全面进驻短视频平台，凸显城市文化旅游的商业效应。（张喆，2019）

4.高质量发展指标体系研究

"指标体系"这一关键词于2019年突现，突现强度为1.55。在高质量发展的战略背景和要求下，构建一套符合产业特点、地方特色的高质量发展体系具有重大且迫切的现实意义。推动区域旅游业高质量发展，需要构建科学的发展质量评估体系。学者们从新发展理念、生态文明等不同角度构建旅游业高质量发展的指标体系。乡村旅游作为释放农村资源价值和经济潜力的重要路径，对实现乡村振兴意义重大。（戴克清等，2020）基于乡愁视域考察乡村旅游高质量发展的区域分布及其动态演进特征，有利于从根本上厘清乡村旅游高质量发展的空间差异机理，对于缩小城乡发展差距、推动区域协同发展意义重大。（肖黎明等，2021）

表1-2　2017—2021年旅游业高质量发展研究高频关键词和突现词

年份	关键词	突现强度	频次
2017	大数据	2.98	5
	文化产业	——	18
2018	城市形象	8.99	48
	传播	2.03	5
	城市品牌	1.62	4
	旅游	1.44	7
	旅游业	——	70
	乡村旅游	——	35
2019	短视频	2.84	10
	指标体系	1.55	6
	文旅融合	——	31
	乡村振兴	——	26
	对策	——	25
	高质量	——	20
	实现路径	——	18

年份	关键词	突现强度	频次
2019	文旅产业	——	17
2020	黄河流域	——	17
	红色旅游	——	10
2021	旅游经济	——	6

注：突现强度为"——"表示该词只是高频关键词，而非突现词。

五、结论

从2017—2021年国内关于旅游业高质量发展研究文献着手，采用文献计量分析法，对旅游业高质量发展的研究主题与研究热点演进进行了分析。研究结论如下：（1）旅游业高质量发展研究起步晚，但发展速度快，其总体研究脉络呈现为"大数据对文旅产业发展的作用—高质量发展视域的城市形象传播—短视频在城市形象传播中的作用—高质量发展指标体系研究"。（2）旅游业高质量发展研究主题呈现多元化，高质量发展涵盖了红色旅游、乡村旅游、全域旅游和体育经济等不同主题，此外，黄河流域的旅游业发展亦是重要的研究内容。

尽管旅游业高质量发展研究取得了不少的成果，但仍有一些问题值得深入探讨：（1）旅游业高质量发展的实现路径探索。2019年以来，"实现路径""对策"等高频关键词增加，体现了学界对旅游业高质量发展路径的探索。随着突发事件的频发，如何引导旅游业转变增长方式，从高速增长转向高质量发展，探索发展新模式，是摆在旅游业发展面前的重大课题。新形势下，基于高质量发展内涵，以数字经济、产业融合为重要手段推动旅游业高质量发展是重要的研究方向。（2）新的研究前沿动态和发展趋势有待形成。近五年旅游业高质量发展研究形成"城市形象""大数据""短视频""传播"等突现词，随着新技术的发展，"大数据""短视频"等开始引入旅游业高质量发展领域，并一度成为旅游业高质量发展的研究前沿问题。尽管如此，近两年并未形成新的突现词，理论研究缺乏新的前沿动态和发展趋势。

第二章

新发展格局下旅游业高质量发展的理论辨析

一、新发展格局与旅游业高质量发展的关系

（一）新发展格局的释义

当前，我国的发展仍然处于重要的战略机遇期，发展环境面临深刻复杂的变化。从外部环境看，当今世界正经历百年未有之大变局，国际环境日趋复杂，不稳定性、不确定性明显增加；从内部环境看，中国经济要想实现高质量发展，也需要继续应对不少的风险和挑战。在全面评估当前我国面临的内外部环境后，"十四五"规划和2035年远景目标纲要提出了要构建以国内大循环为主体、国内国际双循环相互促进的新发展格局，旨在回答"如何实现新阶段新目标"问题。与之前的发展格局相比，新发展格局的新特征至少体现在以下几个方面。

1.新的发展基础

"国内大循环主体"战略的提出是以我国超大的市场规模为基础的。长期以来，我国经济发展落后，以扩大出口、拉动外需来实现经济增长为目标，但这种经济增长方式容易受到外部因素的制约。一方面，我国人口众多，随着经济水平的提高，我国居民人均可支配收入也日渐提高，国内消费市场规模形成，广大的中西部地区和农村地区也极具消费发展潜力。另一方面，全球经济萎缩，国际贸易摩擦不断，近些年我国的外贸依存度和商品服务出口比重持续下降，外需不断减少；与此同时，我国对全球经济增长的贡献率不断上升，超过欧日等主要发达经济体，成为全球经济增长的重要推动力。《党的十八大以来经济社会发展成就系列报告之十三》显示，2013—2021年我国经济年均增长6.6%，经济增长率

居世界主要经济体前列；2013—2021年我国经济对世界经济增长的平均贡献率达38.6%，是推动世界经济增长的第一动力。因此，相比之前的发展格局，新发展格局是以广阔且极具发展潜力的国内消费市场为基础的。

2. 新的发展路径

习近平总书记指出，构建新发展格局最本质的特征是实现高水平的自立自强。[①]要抓住高质量生产活动，科学技术的重要性就要全面提升，必须强调自主创新。从内部来看，以往的单纯依靠增加要素数量驱动我国经济增长的外延式增长方式已经无法满足现实需求，需要依靠科技创新提高全要素生产率，转变为"内涵式"增长方式。通过加大基础研究、前沿科技领域研究等的投入，集中攻克"卡脖子"的技术难题，加强自主创新，发展高端制造、智能制造，实现我国经济由量大变为质强。与之前的发展格局相比，新发展格局更强调通过自立自强的科技创新，实现"内涵式"经济增长。

3. 新的发展重点

新发展格局表达的是我国经济发展的重心将从国际大循环带动经济增长转向以国内大循环为主体。我国自2001年开始深度融入国际大循环。"十五"计划明确提出"在更大范围和更深程度上参与国际经济合作与竞争"。通过国际大循环提升国内生产力，通过外需拉动缓解内需不足，形成国际大循环驱动增长的模式。随着国际外部形势的变化以及国内结构性矛盾的日渐凸显，我国在2008年提出"扩大内需"的战略，开始形成做大国内循环的模式，在2020年提出"双循环"新发展格局，以国内大循环主导国际大循环。必须指出的是，新发展格局不是否认国际大循环，更不是闭关锁国，而是依托内需潜力高质量发展国内经济，在畅通国内循环的基础上，以更高层次、更高水平、更高质量的对外开放水平参与国际市场，以内循环带动外循环，进而实现双循环相互促进的局面。（高伟等，2021）从循环结构看，国内循环已成为我国经济循环的主体，但国际循环仍是重要牵引力。（陆江源等，2022）因此，与之前的发展格局相比，新发展格

---

① 习近平：《把握新发展阶段，贯彻新发展理念，构建新发展格局》，《求是》2021年4月30日。

局更强调"国内大循环"的主体地位，强调扩大内需对经济增长的重要作用。

4.新的发展理念

"十四五"规划和2035年远景目标纲要指出，"十四五"时期推动高质量发展，必须立足新发展阶段、贯彻新发展理念、构建新发展格局。"新发展理念"回答的是指导思想和指导理论的问题；"新发展格局"回答的则是"如何实现"的路径问题。要实现新发展阶段目标，必须用新发展理念指导新发展格局。新发展理念是一个系统的理论体系，回答了关于发展的目的、动力、方式、路径等一系列理论和实践问题，要把新发展理念贯穿发展全过程和各领域。这意味着，构建新发展格局要以新发展理念为指导，坚持创新、协调、绿色、开放、共享的新发展理念，五个方面互相联系，不可分割，构成一个系统的整体。

5.新的发展要素

要构建新发展格局，在扩大内需的同时，更要深化供给侧结构性改革。深化供给侧结构性改革的重点要转变，要从生产与生产、生产与支出、生产与分配的循环中找到供给侧结构性改革的重点。（杨伟民，2021）双循环新发展格局以国内大循环为主体，通过聚集全球要素，在生产、分配、流通和消费各环节形成对国际大循环的辐射作用。（陆江源等，2022）一方面，要让科技创新成为国内大循环的内生驱动力；另一方面，要继续发挥内需在双循环中的基础作用。与双循环发展新格局相比，之前的发展格局的关键在于抓生产、拉外需、扩出口。

（二）新发展格局对旅游业高质量发展的新要求

新时期新阶段旅游业的发展必须是高质量发展。一方面，作为幸福产业之一，旅游是人民美好生活的体现，代表着人民群众生活水平的提高和富足，旅游度假逐渐成为人民生活的刚性需求，是人民对美好生活的向往。旅游发展从小众市场到大众市场、从特殊阶层到全民社会的转换和提升就是一个明证。另一方面，"十四五"旅游业发展规划把旅游业的地位和作用从"幸福产业"提升到了

"旅游强国"，地位被提升到了前所未有的高度。"十四五"旅游业发展规划明确提出，坚持稳中求进，以推动旅游业高质量发展为主题，以满足人民日益增长的美好生活需要为根本目的，立足构建新发展格局。

在新形势下党中央提出的新发展格局战略，必然对我国旅游业发展提出更多和更高的新要求，它不仅为我国旅游业发展指明了方向，而且有利于我国旅游业的高质量发展。

1.新发展格局强调内需驱动经济增长，这就要求现代旅游业在高质量发展中加强需求侧管理

新发展格局以国内大循环为主体，将国内大循环视为国内经济持续发展的主要动力。"十四五"规划明确提出，以坚持扩大内需为战略基点，加快培育完整的内需体系，把实施扩大内需战略同深化供给侧结构性改革有机结合。由此可见，坚持扩大内需战略是我国近些年的重点任务之一，以坚持扩大内需形成强大的国内市场。

《中国统计年鉴》显示，截至2020年底，我国总人口数为14.12亿，其中城镇人口9.02亿、乡村人口5.10亿；全国居民人均可支配收入3.22万元，其中城镇居民人均可支配收入4.38万元，农村居民人均可支配收入1.71万元。我国人口基数大，旅游消费意愿强烈，据中国旅游研究院测算，未来国内旅游市场空间将达到100亿旅游人次、10万亿元旅游消费，这足以说明我国旅游消费市场潜力巨大。尽管国内旅游消费在量上得到了突破，但是在质上还存在不少的问题，比如人均旅游消费水平不高、人均旅游消费占总消费比重较低等。因此，在新发展格局下，现代旅游业在高质量发展中必须进行需求侧结构性改革，破除制约旅游需求的制度障碍，发挥旅游消费政策的引导作用，推进需求侧管理，培育旅游消费新业态、新热点，不断释放旅游消费潜力。

2.新发展格局以新发展理念为指导思想，这就要求现代旅游业在高质量发展中必须贯彻新发展理念

双循环新发展格局是以新发展理念为指导原则，强调新发展理念的地位。进

入新发展阶段，必须坚持"创新、协调、绿色、开放、共享"的发展理念，五个方面有机统一，不可分割。贯彻新发展理念必须实现创新成为第一动力、协调成为内生特点、绿色成为普遍形态、开放成为必由之路、共享成为根本目的的高质量发展，推动经济发展质量变革、效率变革和动力变革。（黄庆华、周密，2021）

为此，我国旅游业在高质量发展过程中必须将新发展理念作为把控全局的基础要素，将创新、协调、绿色、开放、共享的具体内涵贯穿于旅游业发展全过程。现代旅游业高质量发展要从之前的粗放式发展模式转向注重创新发展；要从之前的区域不均衡发展、城乡结构失衡、产业结构性失衡转向区域均衡发展、城乡融合发展、产业结构优化等多方面协调发展；要从之前的高消耗、高排放、高污染转向绿色发展和低碳发展；要从之前的"条块分割"转向协同发展，构建广泛的利益共同体，提升旅游业的国际竞争力；要从之前的少数群体、特定阶层受益转向共享共富的现代旅游业发展，使得旅游业发展成果惠及全体人民，真正实现"满足人民美好生活向往"的期待。

3.新发展格局强调高水平的自立自强，这就要求现代旅游业在高质量发展中实现供给侧结构性改革

构建新发展格局最本质的特征是实现高水平的自立自强，这是应对国际经济科技竞争格局深刻调整、把握新一轮科技革命和产业变革机遇的必然选择，是催生新发展动能、支撑经济社会高质量发展的客观要求。这就要求双循环新发展格局下的现代旅游业在高质量发展过程中进行供给侧深度改革，实现技术创新赋能。

为此，现代旅游业高质量发展过程要持续推进供给侧改革，以需求引领供给，使得旅游有效供给、优质供给、弹性供给更丰富，实现供给和需求的精准匹配；以第四次科技革命为契机，推进现代旅游业的技术创新，以数字化、智能化赋能旅游企业转型升级，扩大数字化应用场景，实现智慧旅游，并完善智慧旅游配套设施；完善旅游消费体系，优化旅游消费环境，拓展旅游消费领域，提升旅游消费服务，完善旅游公共服务设施，创新旅游宣传推广。同时，构建新发展格局，在坚持国内旅游大循环的基础上，积极拓展国际旅游大循环，分步有序促进

入境旅游，稳步发展出境旅游，深化与港澳台地区的合作，深化旅游国际合作，打造跨国跨境旅游带，提升旅游国际竞争力。

4. 新发展格局更加注重经济循环的畅通，这就要求现代旅游业在高质量发展中推进城乡协调发展

构建新发展格局的关键在于经济循环的畅通无阻。习近平总书记强调"经济活动需要各生产要素的组合在生产、分配、流通、消费各环节有机衔接，从而实现循环流转"[①]。这就要求现代旅游业在高质量发展过程中要畅通旅游系统要素的各个流通环节，实现城乡之间各种旅游资源要素的自由流动（李鹏、邓爱民，2021），推进城乡协调发展。

长期以来，城乡区域发展不协调、不充分是旅游业可持续发展的突出短板。旅游资源优势是广大乡村地区发展的重要基础，旅游资源难以有效调动和利用是乡村振兴和发展的"拦路虎"。因此，充分调动、利用旅游资源，将资源优势转化为产业优势、经济优势，是破解城乡二元结构问题的关键。立足城乡融合发展，通过以"城"带"乡"，推动城乡旅游产业融合化、基础设施一体化、公共服务均等化，破解"城市要素落不下、乡村要素用不好"难题，建设形成城乡互补、协调发展、共同繁荣的新型城乡关系（岳音，2022）；鼓励人才下乡，参与乡村旅游业发展和建设，同时带动资金、技术、市场信息以及管理经验等下乡，带动村民致富，缩小城乡差距。同时，鼓励农民创业，充分利用闲置民居、宅基地，开办乡村民宿、露营基地等，带动乡村旅游业的发展。

二、旅游业高质量发展的理论认识

（一）旅游业高质量发展内涵的多视角研究

2017年，党的十九大报告明确提出"我国经济已由高速增长阶段转向高质量发展阶段"，这为我国经济工作指明了发展方向和发展目标。2018年，我国正

---

① 习近平：《把握新发展阶段，贯彻新发展理念，构建新发展格局》，《求是》2021年4月30日。

式开启高质量发展（吴晓蓉、胡甜，2022），高质量发展逐渐成为各领域的热词。"十四五"旅游业发展规划提出，要围绕旅游业高质量发展的主题，加快建设旅游强国。尽管学术界对旅游高质量发展做了不少有益的探索，然而，什么是旅游业高质量发展？旅游业高质量发展有何特征？目前学术界尚无统一的界定。

现有关于旅游业高质量发展内涵的探讨主要集中在旅游业高质量发展综合系统论和新发展理念方面。

1.综合系统论

旅游业发展系统是由各个要素组成的综合体，参照经济高质量发展的要求，何建民（2018）认为，我国旅游业高质量发展系统是由旅游业发展方式、旅游产业结构、旅游业增长动力等诸多因素组成的综合体，因此，旅游业高质量发展系统是由旅游活动利益相关者、旅游活动利益相关者追求的各自利益与资源、社会人文环境和自然环境之间和谐、合法（合理）的诸要素相互作用的综合体。

旅游业高质量发展不仅体现在经济效应层面，还体现在生态效应和社会效应层面。王兆峰（2022）认为，旅游业高质量发展体现在产业效率维度、综合效应维度、协调平衡维度、游客满意维度等四个维度。胡静等（2022）认为，旅游业高质量发展是旅游业作为经济产业和社会视野的协同发展，是效率与公平的有机结合，其核心要义是"供给的有效性"和"发展的公平性"。张朝枝、杨继荣（2022）提出，旅游业高质量发展是一种强可持续发展，是一种更高层次的可持续发展，对旅游高质量发展的评价必须围绕"人的全面发展"核心理念，以经济、社会文化和环境协调发展为底线。

2.新发展理念

多数学者以"新发展理念"为基础和核心来构建旅游业高质量发展水平的指标体系。旅游业高质量发展评价指标体系要涵盖"创新、协调、绿色、开放、共享"等五大理念。为此，刘雨婧、唐健雄（2022）提出，旅游业高质量发展评价指标体系由旅游业供需水平、创新驱动、生态文明、经济高效、民生质量等五个维度组成。李志远、夏赞才（2021）提出，长江经济带旅游业高质量发展评价指标体系由创新系统、协调系统、绿色系统、开放系统、共享系统等维度组成。其中，创新是发展维，是旅游业高质量发展的核心动力；协调代表结构维，是旅游业高质量发展互利共生的内生机制；绿色是关系维，是旅游业高质量发展的要求和必备条件；开放是尺度维，是实现旅游业高质量发展的必由之路；共享是体验维，旅游业高质量发展必须坚持以人为本。

马波等（2022）认为，旅游业高质量发展的目标要落实在微观层面上，高质量发展是以人为本的新发展，旅游业高质量发展就是以旅游者为本的新发展，为人民带来更高的旅游性价比是旅游业高质量发展的核心衡量指标。

（二）旅游业高质量发展的特征

作为国民经济的重要组成部分，旅游业高质量发展要建立在经济高质量发展的框架之下。同时，相比于其他产业，旅游产业具有经济性、社会性、政治性等多重属性。旅游业发展，既是带动国民经济发展、协调城乡发展、推进共同富裕的重要抓手，也是丰富人民群众精神生活和提升人民幸福感的重要途径。因此，旅游业高质量发展也要遵循旅游业自身特征与发展规律。新发展格局下旅游业高质量发展的内涵特征包括以下几个方面。

1.明确了旅游业高质量发展的内在要求

旅游业高质量发展，亟须实现从传统要素驱动、投资驱动，转向创新驱动，实施旅游业创新驱动战略。"十四五"旅游业发展规划明确提出，要推进以数字化、网络化、智能化为特征的智慧旅游，扩大新技术应用场景，加快建设和完善智慧旅游景区和旅游公共服务；加快新技术应用与创新，以科技创新提升旅游业发展水平，推动无人化、非接触式基础设施应用，促进旅游装备技术提升；加强旅游大数据基础理论研究，建立数据共享机制，推动资源整合联动，提高创新链综合效能。

2.明确了旅游业高质量发展的指导原则

旅游业高质量发展要以新发展理念为指导思想，要坚持系统观念，统筹发展和安全，统筹保护和利用，立足构建新发展格局。新发展理念对旅游业高质量发展具有重要的指引作用，其中创新是旅游业高质量发展的内驱力，协调是旅游业高质量发展的要求，绿色是旅游业高质量发展的新形态，开放是旅游业高质量发展的选择，共享是旅游业高质量发展的目标。此外，要实现旅游业可持续性发展，必须强化系统观念，坚持效益和安全、质量和规模相统一原则。

3. 明确了旅游业高质量发展的主线

旅游业高质量发展要以供给侧结构性改革为主线。旅游需求的改变对旅游业高质量发展提出了新要求。一方面，"十四五"旅游业发展规划指出，"十三五"期间我国年人均出游超过4次，全面建成小康社会后，人民群众旅游消费需求从低层次向高品质和多样化转变，由观光向兼顾观光和休闲度假转变；另一方面，新冠疫情期间，人民群众的旅游需求和方式发生了较大的变化，"微旅游""宅度假"成为旅游市场的新形态，周边游、本地游市场热度增加。因此，实施供给侧结构性改革，以更好地满足人民群众转型升级的旅游消费，使得旅游供给更有效、更优质、更有弹性，是旅游业高质量发展的重要任务。

4. 明确了旅游业高质量发展的根本目的

旅游业经济产业、社会事业属性兼具，两者协同发展，实现效率与公平的有机结合是旅游业高质量发展的本质。（胡静等，2022）因此，旅游业高质量发展目标不仅是实现经济效益，还体现在社会效应和生态效应上，其目标应该是综合性的。但是，不管是经济效应还是社会效应和生态效应，旅游业发展成果归根结底是要为人民群众共享，充分发挥旅游业为民、富民、利民和乐民的作用，真正成为满足人民对美好生活向往需求的幸福产业。

综上，我们认为，旅游业高质量发展是以新发展理念为指导思想，以供给侧结构性改革为主线，通过创新驱动发展战略，实现以满足人民群众对美好生活的向往需求为根本目标的强可持续性发展。（如图2-1所示）

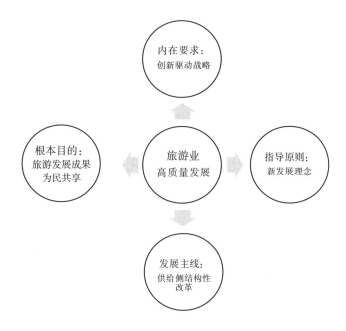

图2-1 旅游业高质量发展的内涵框架

·第三章·
新发展格局下我国旅游业高质量发展的基本逻辑

一、历史逻辑

改革开放以来，随着我国经济发展水平和人民生活水平的提高，我国旅游业实现了跨越式发展，经历了从"事业属性"到"经济产业"再到"民生服务"的认识转变，经历了从"粗放式"向"精细化"发展模式的转变，经历了从"高速发展"到"高质量发展"的发展阶段。旅游业高质量发展既是经济发展阶段演进的本然性要求，也是适应我国社会主要矛盾变化的客观需要，更是顺应我国旅游业市场环境变化的必然结果。

（一）旅游业高质量发展是经济发展阶段演进的本然性要求

改革开放以来，我国经济发展取得了巨大的成就，国内生产总值从1978年的3678.7亿元提高到2020年的1015986.2亿元，实现了从缓慢增长到快速增长再到稳步增长的过程。在2020年中央经济工作会议上，习近平总书记提出："中国特色社会主义进入了新时代，我国经济发展也进入了新时代，基本特征就是我国经济已由高速增长阶段转向高质量发展阶段。推动高质量发展，是保持经济持续健康发展的必然要求，是适应我国社会主要矛盾变化和全面建成小康社会、全面建设社会主义现代化国家的必然要求，是遵循经济规律发展的必然要求。推动高质量发展是当前和今后一个时期确定发展思路、制定经济政策、实施宏观调控的根本要求，必须加快形成推动高质量发展的指标体系、政策体系、标准体系、统计体系、绩效评价、政绩考核，创建和完善制度环境，推动我国经济在实现高质量发展上不断取得新进展。"[①]

为此，高质量发展也是各行业发展面临的时代使命。随着经济发展，三大产业对国民经济的影响发生了变化，第一产业和第二产业对国内生产总值的贡献率逐渐下降，而第三产业对国内生产总值的贡献率不断提高。（见表2-1）40多年来，随着我国旅游产业不断转型和地位的提升，旅游业对经济的贡献逐渐增大，它对全球经济和就业的综合贡献率均超过10%（戴斌等，2022），旅游业成为拉动内需和经济增长的重要引擎。在我国旅游发展的新时期，旅游业高质量发展是我国经济发展阶段演进的本然要求，也是建设旅游强国的题中之义和必然要求。

表2-1　我国国内生产总值与三大产业对国内生产总值的贡献率

年份	国内生产总值（亿元）	贡献率（%）		
		第一产业	第二产业	第三产业
1978	3678.7	9.8	61.8	28.4
1982	5373.4	38.6	28.8	32.6
1987	12174.6	10.2	55.0	34.8
1992	27194.5	8.1	63.2	28.7
1997	79715.0	6.5	59.0	34.5
2002	121717.4	4.1	49.4	46.5
2007	270092.3	2.7	50.1	47.2
2012	538580.0	5.0	50.0	45.0
2017	832035.9	4.7	34.2	61.1
2019	986515.2	3.9	32.6	63.5

数据来源：《中国统计年鉴》。

（二）旅游业高质量发展是应对我国社会主要矛盾变化的客观需要

一方面，经过多年奋斗，我国生产力得到了极大的提高，成功解决了温饱问题，正在向世界上中等发达国家水平迈进，在全面建设社会主义现代化国家时期，人民群众对美好生活的品质提出了更高的要求和更广的范围；另一方面，我国尚

[①] 习近平：《中央经济工作会议在北京举行　习近平李克强作重要讲话——张高丽栗战书汪洋王沪宁赵乐际韩正出席会议》，《人民日报》2017年12月21日第1版。

存在区域发展和城乡发展不均衡问题，人民群众共享改革发展成果的意愿越来越强烈。我国社会主要矛盾从"人民日益增长的物质文化需要同落后的社会生产之间的矛盾"向"人民日益增长的美好生活需要同不平衡不充分的发展之间的矛盾"转变。

从2009年提出的"战略性支柱产业"到2016年被誉为"幸福产业之首"，我国旅游业的功能定位愈发贴近民生。（程玉等，2020）旅游业的发展，其影响力不但渗透到经济发展层面，而且体现了我国人民群众精神生活的诉求。也就是说，旅游业的高质量发展不仅蕴含了经济贡献，还有对民生问题的贡献。旅游业的高质量发展，着力解决区域发展的不平衡不充分问题，从单纯追求经济贡献的增长转向追求经济、社会、民生的全面进步，从对物质生活的"硬需要"到"软需要"日益增长的转变。因此，在旅游业发展的新时期，旅游业高质量发展是适应我国社会主要矛盾变化需要的必然结果。

（三）旅游业高质量发展是顺应市场环境变化趋势的必然结果

改革开放以来，我国旅游业经历了由弱变强、由小变大的发展过程，在此进程中，旅游业发展的市场环境也发生了巨大的变化。国家政策在产业发展促进中起了重要的作用，也是产业市场环境的重要因素。旅游业发展从边缘产业到核心产业，从经济依赖到经济反哺，从经济功能到经济、社会功能并重。（魏敏、彭倩，2019）在改革开放以前和改革开放初期，旅游业被界定为"外事接待的事业属性"，旅游业得到了小规模的建设和发展，但不具备现代产业特征；1978年，首次提及"旅游创汇"，入境旅游成为我国早期旅游业发展的重要方向，旅游业开始成为经济属性事业，入境旅游得以大幅增长；20世纪90年代，我国加快了国内旅游的发展步伐，并放开了出境旅游，三大旅游市场形成"三足鼎立"的市场格局；2009年旅游业的定位为"国民经济的战略性支柱产业"，旅游业的地位实现了历史性的突破；2016年旅游业被称为"幸福产业"之首，成为解决我国民生问题的驱动力。（见表2-2）

旅游业作为国民经济战略性支柱产业的地位更加巩固，对经济平稳健康发展的带动作用更加凸显。我国全面进入了大众旅游时代，旅游已经成为小康社会人民美好生活的刚性需求。随着经济的发展和人民对旅游的向往，国民对旅游产品质量和服务水平的要求越来越高。因此，高质量的旅游业必然是未来的发展方向。

表2-2 旅游业发展大事及其产业地位

年份	标志性事件	产业地位
1964	中国旅行游览事业管理局成立	规范发展
1979	邓小平多次发表重要讲话	经济属性事业
1986	国民经济和社会发展第七个五年计划实施	纳入国民经济发展计划
1998	中央经济工作会议召开	国民经济新的增长点
2001	《关于进一步加快旅游业发展的通知》提出"大旅游"	综合性产业
2006	《旅游业发展"十一五"规划纲要》发布	国民经济的重要产业
2009	《关于加快旅游业发展的若干意见》发布	战略性支柱产业
2014	《关于促进旅游业改革发展的若干意见》发布	现代服务业的重要组成部分
2015	《关于积极发挥新消费引领作用加快培育形成新供给新动力的指导意见》发布	服务消费的重要组成部分
2016	《关于进一步扩大旅游文化体育健康养老教育培训等领域消费的意见》发布	幸福产业之首

二、理论逻辑

经济发展步入新阶段，我国提出"双循环"新发展格局。在此背景下，我国旅游业要主动对接国民经济的发展，利用国内外两个市场、两种资源，开拓适应新发展格局的开放合作局面，以提升我国旅游业的核心竞争力。随着我国进入大众旅游时代，国家、国民对旅游业发展的诉求逐渐从规模、速度增长转向质量、效益增长；此外，国际政治局势的日益复杂以及新冠疫情的冲击，都对旅游业的发展产生了巨大的影响；随着新技术与旅游业的深度融合，旅游业转型升级势在必行；等等。诸多因素决定了我国旅游业发展需要在"双循环"新发展格局框架下实现高质量发展。旅游业高质量发展的实践需要明确其理论逻辑，高质量的旅游发展需要有理论指导。

（一）经济增长质量理论

马克思在《资本论》中指出，外延扩大再生产和内涵扩大再生产是扩大再生产的两种类型。外延扩大再生产是通过增加要素投入来扩大生产规模的方式实现的扩大再生产，外延扩大再生产的关键是扩大生产要素的投入数量；而内涵扩大再生产是通过提高生产要素的使用效率来实现扩大再生产，其关键是技术进步和创新的发挥，从而提高要素的使用效率（任保平，2018）。此外，《资本论》还提及粗放型和集约型两种经济增长方式。粗放型经济增长方式是通过要素数量的投入增加，从而实现规模扩张的经济增长，它属于数量速度型增长；而集约型经济增长方式依赖生产要素的质量和使用效率的提高来实现，在技术进步的条件下，实现生产要素组合方式的优化（任保平，2018）。当经济发展到一定阶段时，需要从粗放型经济增长方式向集约型经济增长方式转变，从依靠生产要素的数量投入转向生产要素的质量和效率，来实现经济增长。

经济增长质量理论为我国旅游业高质量发展提供了理论依据。我国旅游业经历了较长时期的高速发展，产业规模庞大，但存在诸多结构性问题。上一阶段支撑我国旅游业高速发展的要素发生了变化，人口红利消退、资金成本上升、资源约束增强等，都造成了新时期我国旅游业发展动能不足。为此，在建设旅游强国的重要战略期，单纯依靠要素投入数量的粗放型经济增长方式已经无法适应旅游业发展需要，必须向高质量发展转型，提升发展质量，推动旅游业向纵深发展。旅游业高质量发展，需要依靠创新驱动经济增长，使得经济增长转向依靠提高全要素生产率发展的轨道上来。全要素生产率作为反映经济增长质量的重要指标，也是国际通用指标。（刘建翠，2022）在旅游业发展的重要战略转折期，通过技术创新和生产要素的重新组合来提高全要素生产率及其对经济增长的贡献，是做好旅游业高质量发展的重要抓手。

（二）供给侧结构性改革理论

中共十九届六中全会指出："经济发展进入新常态，已由高速增长阶段转向高质量发展阶段，面临增长速度换挡期、结构调整阵痛期、前期刺激政策消化期'三期叠加'的复杂局面。"习近平总书记指出："我国经济运行面临的突出矛盾和问题，虽然有周期性、总量性因素，但根源是重大结构性失衡。"[1]为了解决我国经济结构性失衡，必须坚持推进供给侧改革，进行结构性调整。供给侧结构性改革，即从提高供给质量出发，用改革的办法推进结构调整，矫正要素配置扭曲，扩大有效供给，提高供给结构对需求变化的适应性和灵活性，提高全要素生产率，更好地满足人民群众的需要，促进经济社会持续健康发展。供给侧结构性改革的根本目的是满足人民群众的需求，提高供给侧与需求侧的适配性。

作为国民经济的战略性支柱产业，旅游业的发展必然受到经济领域改革和政策调整的影响。旅游业的高质量发展，是高质量旅游供给和高质量旅游需求相统一，实现高质量供给与高质量需求的有效对接，提高两者的适配性。深化供给侧结构性改革，实现高质量供给与高质量需求有效对接，必须以回应高质量需求为动力引擎。（陈晓晖、姚舜禹，2022）一方面，经过旅游业长期的高速发展，旅游逐渐成为小康社会人民群众的刚性需求。高品质旅游需求日益增多，旅游需求标准升级，旅游新热点催生，这些皆源于人民群众对美好生活的向往和期待。另一方面，我国旅游业发展长期以来一直是"供给驱动"，资源配置效率低，旅游产品供给无法满足消费升级的需求。因此，必须把旅游业供给侧结构性改革置于国民经济的全局之中，既要强调旅游供给，又要关注旅游需求，以有效供给、高效供给满足高品质需求，通过高质量的供需平衡实现旅游业的高质量发展。

三、实践逻辑

过去40多年，我国旅游业经历了从无到有、从小到大的发展阶段，速度快、

---

① 习近平：《中央经济工作会议在北京举行 习近平李克强作重要讲话》，《人民日报》2016年12月17日第1版。

成效显著。长期以来，旅游业的繁荣得益于我国改革开放的政策红利和人口红利，"人山人海吃红利，圈山圈水收门票"的模式在很长一段时间内行之有效。但是，在旅游业高速增长的过程中，传统的资源驱动型发展模式导致旅游发展动能长期得不到更新，"政府主导、适度超前"的目的地建设思路无法适应当代旅游经济发展形势。（戴斌，2020）尤其是受新冠疫情冲击的旅游业更是无法回归到传统发展模式，因此，如何破解旅游业发展的难题，使得旅游业从高速发展向高质量发展转变，是目前亟待解决的关键问题。

旅游业高质量发展不是一时之功，需要实现要素、空间和产业的系统性变革。而实现要素、空间和产业的系统性变革，技术变革和旅游业的转型升级是关键。因此，旅游业高质量发展的逻辑起点是要响应创新驱动和旅游产业的转型升级趋势，以要素创新、空间优化、产业变革推动旅游产业转型升级，从重数量增长的外延式扩张转变为重质量发展的内涵式发展，兼顾我国旅游业发展的质量和效率，真正实现旅游业发展成果为民所享。（如图3-1所示）

图3-1 我国旅游业高质量发展的实践逻辑框架

（一）逻辑起点：技术变革

随着第四次科技革命的兴起，科学技术将深刻改变各行各业，传统经济增长模式日渐改变。已有研究表明，传统的古典增长理论更适用于"追赶型经济"，但当模仿国外的做法和技术，积累资本和劳动带来的收益递减，不足以继续驱动

经济增长时，一个新的时代便来临了。这些国家必须探寻新的经济增长路径，并拓展"技术前沿"。（潘闻闻、邓智团，2022）

在科技革命的影响下，旅游业发展从资源要素驱动向创新驱动转变，加快产业转型升级，进而实现旅游业高质量发展。长期以来，我国旅游业发展普遍过于重视旅游经济增长，以制度和资源驱动为主，享受了改革开放和人口红利。但在新形势下，这种模式使得旅游业发展动能得不到更新，旅游业发展后继乏力。因此，在旅游业转型升级中，应以技术为核心推进实施创新驱动发展战略。一方面，加快推进以数字化、智能化为代表的新技术在旅游领域的应用，扩大新技术应用场景，同时用新技术赋能传统旅游业态，丰富旅游业态，实现智慧旅游；另一方面，在新技术普及的当下，高素质人力资本成为推动产业转型升级的关键动力之一，尤其对于以劳动力密集为行业特征的旅游业更是如此。为此，在旅游业发展的重要战略阶段，明确新技术和高素质人力资本在旅游业转型升级进程中的核心地位是旅游业高质量发展的关键，也是决定旅游业成功转型升级的重要因素。

（二）逻辑过程：要素—空间—产业

1.要素层面：创新人才的聚集

传统旅游的动力是消费需求、自然资源、投资需求和产业政策等要素的协同作用；而在跨行业、跨领域、协同创新的时代，知识、信息、数据、高新技术等成为新生产要素，旅游发展新动能正在形成。（王克岭，2019）创新发展的重要驱动力是创新人才，创新人才是知识的主要载体，是经济高质量增长的重要推动力量。（崔祥民、柴晨星，2022）

旅游业是典型的劳动力密集型产业，对劳动力需求数量大，而且对劳动力的素质要求相对不高。因此，在过去很长一段时间，劳动力投入是我国旅游业增长的主要动力之一。人力资本缺口大、创新人才缺乏、低端劳动力密集是旅游业人力资本呈现的总体特征。随着新技术的应用普及，旅游业发展开始由劳动密集型向资本密集型和技术密集型转变，低端劳动力将被新技术所替代，高端人才需求急剧增加。此外，新技术的出现对人力资本的分布和流动带来影响。一是不同地区的人才供需平衡性差异会更加凸显，广大乡村地区、旅游业发达但经济落后地区的人才供需矛盾和结构性问题会更加严峻。二是人力资本会从传统旅游行业向新型旅游行业转移，比如大量从业人员从传统旅行社向在线旅游企业转移；同时，随着传统旅游企业的转型升级，高端创新人才的需求也将不断增加。

新技术是我国旅游业高质量发展的重要驱动力，它将使旅游行业发生深刻变革；而要实现新技术在旅游业的应用，创新人才是关键。为此，吸引和留住创新人才是旅游业高质量发展的重中之重。创设优质且长期的工作岗位，营造良好的工作环境，成为吸引和聚集创新人才的钥匙；加强人力资源的新技术、新知识培训，打通职业生涯通道，成为吸引和聚集创新人才的动力；推行旅游人力资本战略计划，加强旅游人力资源数据挖掘，成为吸引和聚集创新人才的保障。

2.空间层面：旅游空间的优化

我国旅游业发展的最终目标是旅游业发展成果为民所享，坚持旅游业高质量发展的人民性。空间层面响应界定为"旅游空间的优化"，营造以人为本的旅游空间。以人为本的旅游休闲空间，本质上是如何解决旅游者空间需求问题，解决旅游者与旅游地本地居民平等的空间需求和土地供给问题，进而推动旅游空间规划从生产型社会向服务型社会需求转型。随着"微度假""微旅游"的兴起，旅游休闲街区、骑行道、游憩道、露营地等建设成为近年兴起的新型旅游休闲空间，成为以人为本旅游空间的主要载体。

长期以来，我国旅游业以经济增长为导向，强调其对经济的拉动作用。加快旅游基础设施建设，推动大型旅游项目的投资建设，有助于区域旅游产业提档升级，助力区域经济发展。但是，随着我国社会主要矛盾的转变、人民对美好生活需求的日益增长以及新技术的兴起，旅游项目和旅游基础设施的建设要因地制宜，避免重复建设，统筹兼顾区域协调发展。坚持以高质量旅游发展为导向，以人民为中心，坚持新发展理念，优化旅游空间布局，兼顾"硬实力"和"软展示"。以人为本，将旅游休闲作为城市基本功能，营造宜居、宜业、宜游的休闲新空间，为休闲时代的到来奠定良好的空间布局基础。

3.产业层面：旅游产业结构的升级

新技术对旅游业发展动能的新旧转换，主要体现在旅游产业转型升级。在产业转型升级过程中，旅行社等传统旅游企业陷入衰退状态，但在新技术的影响下，也涌现了一批创新型的旅游企业。传统企业退出，新兴企业发展，这是一个"创造性破坏"的过程。

随着5G、大数据、VR/AR、物联网等新技术的发展与应用普及，新技术对旅游产业结构升级影响巨大。新技术赋能传统行业，创新传统商业模式，加速传统行业变革；新技术的发展打破了产业之间的边界，推动不同产业之间的深度融合，催生各种新的旅游业态，形成了数字旅游新业态；数字经济与实体经济的深度融合，数字技术将渗透到旅游生产与消费的全过程，改变传统资源要素的投入、组合，而科技创新作为关键性资源要素融入旅游生产与消费中，提高旅游生产要素组合效率，进而推动旅游业高质量发展。

（三）逻辑终点：旅游业发展成果为民所享

旅游业是直接服务于广大人民群众物质和精神生活需求的现代服务业，高质量旅游满足了人们对美好生活的需求和期待，人们的旅游消费频次、旅游消费质量是衡量全面建成小康社会的重要指标。

尽管如此，区域经济发展的不平衡，导致人们的旅游消费水平不均衡，甚至部分残障人士、老年人、低收入人群等弱势群体无法享受到旅游业的发展成果。因此，推进旅游业发展成果为民共享是一个任重道远的过程。在小康社会的全面建设过程中，要坚持旅游为民的观念，坚持公平原则，兼顾不同层次旅游者的需求，开发多元化、多层次的旅游产品，让所有群体都有参与旅游的机会，提高人民群众的获得感和幸福感；提高旅游服务水平和产品供给质量，培育旅游新业态，构建完善的现代旅游产品体系，以满足人民群众日益增长的旅游需求，以高效、有效的产品供给和服务水平满足人民群众对美好生活的期待。

第四章

新发展格局下旅游业高质量发展驱动系统构建

一、旅游业发展驱动要素解析

自改革开放以来，我国旅游业经历了长时期的高速发展，取得了巨大的成就。旅游业发展的驱动因素是什么？各个驱动因素是如何影响旅游业发展的？这一直是学术界的研究重点。目前，旅游业发展动力机制大致可以分为三类：一是系统驱动论。这类研究认为旅游业发展是涵盖供给和需求等多种因素的综合驱动，代表性观点有互动型动力系统，即旅游发展动力是一个由旅游消费牵动和旅游产品吸引所构成的、并由中介系统和发展条件所联系的互动型动力系统（彭华，1999）。二是单因素驱动论，这类研究认为某一核心因素是旅游业发展的驱动因素，代表性观点有需求驱动论、吸引物驱动论和经济驱动论等。需求驱动论的核心观点为旅游需求是驱动旅游发展的主导因素；吸引物驱动论则认为旅游目的地的吸引物禀赋是驱动旅游业发展的主要因素；而经济驱动论认为旅游目的地的经济发展是旅游发展的主要因素，城市旅游表现得尤为明显。三是驱动阶段论，这类研究认为在旅游业发展的不同阶段，旅游业发展的驱动机制是不一样的。例如，刘锋（1999）提出我国旅游业发展经历了资源驱动、市场驱动、产品驱动和形象驱动四个阶段。

由于旅游业是一个综合性产业，其发展受诸多复杂因素的影响，系统驱动论是旅游业发展驱动机制的主流研究范式。因此，以系统动力论为理论基础，借鉴互动型动力系统，本研究将旅游业高质量发展的驱动系统分为四个子系统，即需求系统、供给系统、中介系统与支持系统。

二、旅游业高质量发展驱动系统构建

为了全面而科学地识别出旅游业高质量发展的驱动因素，以"旅游业高质量发展"为关键词，在文化和旅游部官方网站检索到国家和地区相关旅游业发展政策文件共52篇，作为本次扎根理论分析的原始资料。首先，我们将所有资料打散，尽可能综合各分析专家的意见，将所有资料按照本身所呈现的状态进行登录，共获得367个自由节点，在删除语义相似、重复自由节点的基础上，对这些自由节点进行类属化，形成初步概念，并对这些初步概念进行归纳、合并以形成子范畴，最终形成关于旅游业高质量发展的21个子范畴（驱动因子）和54个初步概念，具体见表4-1。

表4-1　旅游业高质量发展的驱动因子识别

原始资料	初步概念	子范畴（驱动因子）
1.人民群众旅游消费需求将从低层次向高品质和多样化转变，由注重观光向兼顾观光与休闲度假转变…… 2.充分运用数字化、网络化、智能化科技创新成果，升级传统旅游业态，创新产品和服务方式，推动旅游业从资源驱动向创新驱动转变 3.国内发展环境也经历着深刻变化，旅游业发展不平衡不充分的问题仍然突出…… 4.各级党委、政府要把旅游产业化放在更加突出的位置，加强对旅游业高质量发展的领导，推动形成工作合力 5.不断开创营商环境好、生态环境美的新局面 6.辽宁省委、省政府先后出台《关于促进旅游产业改革发展的实施意见》《关于进一步加快旅游业发展的实施意见》等政策 7.引导各地加快发展研学游、工业游、乡村游、康养游、健身游、生态游等新业态 8.做大做强旅游市场主体，培育旅游龙头企业，立足产业链招大引强…… 9.联袂建设"智游天府""惠游重庆""川渝阅读一卡通"等公共服务平台 10.发挥好新疆自然、矿产资源丰富的优势，利用新疆地学旅游资源得天独厚的条件	1.消费者需求发生变化 2.科技创新对旅游业的重要作用 3.旅游业发展现状 4.加强政府领导 5.优化环境 6.政府政策 7.发展旅游新业态 8.培育旅游企业 9.完善公共服务平台 10.利用旅游资源优势 11.加强区域旅游合作 ……	1.旅游消费需求 2.要素保障 3.旅游业发展状况 4.优化政务服务 5.市场监管 6.政策引导 7.旅游业态丰富 8.市场主体培育 9.完善旅游设施 10.资源禀赋 11.区域旅游合作 12.经济发展水平 13.宏观环境 14.在地文化传承 15.优质旅游产品 16.品牌形象塑造 17.旅游节庆活动 18.服务提质提效 19.重大项目培育 20.宣传促销 21.创新营销方式 ……

续 表

原始资料	初步概念	子范畴 （驱动因子）
11. 广西不断深化区域旅游合作，与周边地区、省份共同构建区域旅游经济合作，与越南共同打造中越边境旅游经济共同体 …… 计367个自由节点	计54个初步概念	计21个子范畴

通过分析21个驱动因子之间的内在关系和逻辑，将具有相近属性的驱动因子进一步归纳为更高层次的主范畴（见表4-2）。借鉴互动型动力系统（彭华，1999），将4个主范畴分别命名为需求系统、供给系统、支持系统和中介系统。

表4-2　旅游业高质量发展的主范畴、子范畴及其范畴内涵

主范畴	子范畴	范畴内涵
需求系统	旅游业发展状况 政策引导 经济发展水平 旅游消费需求 宏观环境	是旅游业高质量发展的原始推动力，是制定旅游业发展战略的重要依据
供给系统	资源禀赋 在地文化传承 优质旅游产品 旅游业态丰富 品牌形象塑造 旅游节庆活动 旅游设施完善 服务提质提效	是旅游客源市场进行旅游活动的重要吸引力，是旅游业高质量发展的牵引力
支持系统	优化政务服务 市场主体培育 要素保障 市场监管 重大项目培育	是影响旅游业高质量发展的重要因素，对旅游供给系统和旅游需求系统具有重要的影响
中介系统	宣传促销 创新营销方式 区域旅游合作	是连接旅游供给系统和旅游需求系统的纽带，是旅游业高质量发展的联结力

旅游业高质量发展驱动系统由需求系统、供给系统、支持系统和中介系统组成，需求系统是旅游业高质量发展的原始推动力，消费需求的变化、产业基础和发展状况等影响了旅游供给，而当地的经济发展水平、产业基础、政策导向等能

够很好地推动支持系统和中介系统建设。供给系统是基于资源禀赋、在地文化、旅游产品以及旅游业态等要素衍生出的驱动力，资源要素、产品要素、业态要素等是吸引旅游者进行旅游活动的重要因素，是旅游业高质量发展的基础。支持系统是对旅游活动开展具有辅助支撑作用的设施和服务，完善的支持系统在一定程度上能增强旅游吸引力，能够为旅游者提供便利和完善的旅游服务，同时也有利于供给系统的建设和发展。一方面，中介系统是联结供给系统和需求系统之间的纽带，通过中介系统向需求端推广旅游产品信息，强化旅游吸引力；另一方面，向供给端传递需求信息，以便政府和相关部门调整产业发展政策。四大驱动系统包含了若干个驱动因子（要素），驱动系统之间、驱动因子之间遵循一定的逻辑关系，互相影响、互相作用，共同推动旅游业高质量发展，旅游业高质量发展带来的经济、文化、生态等方面的可持续性，可以反哺这些驱动因子和系统的发展，形成良性循环。旅游业高质量发展驱动系统模型如图4-1所示。

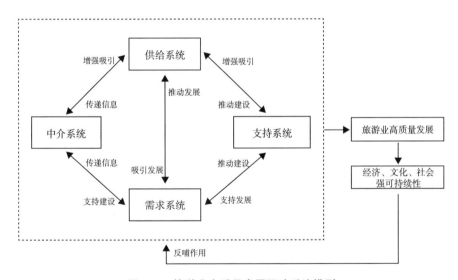

图4-1 旅游业高质量发展驱动系统模型

　　为了进行理论饱和度检验，本书将前期未进行编码的1/3原始资料（17份文件）按照扎根理论方法进行新一轮编码，得到117个自由节点，形成6个子范畴，并未发现新的概念和范畴，这说明旅游业高质量发展驱动因子的理论框架通过饱和度检验。

三、旅游业高质量发展驱动系统分析

（一）需求系统分析

需求系统是旅游业高质量发展的原始推动力，是制定旅游业发展战略的重要依据。它主要由旅游消费需求、旅游业发展状况、经济发展水平以及政策引导等四个驱动因子组成。经济发展水平是我国旅游业发展的重要基础，不仅能够为旅游业发展提供良好的支撑，而且能扩大旅游消费需求，促进旅游消费。旅游业具有较强的综合性和带动性特点，因此，旅游业的发展能够提升我国国民经济总量，促进经济发展。政策引导是政府政策从宏观上起引导作用，旅游业的高质量发展离不开政府政策的支持，国民经济和旅游业的发展可以增强政策的支持力度，政府可以出台关于财政、土地、智力等方面的优惠政策，以满足旅游市场需求。

（二）供给系统分析

供给系统是旅游客源市场进行旅游活动的重要吸引力，是旅游业高质量发展的牵引力。它主要由影响旅游动机和旅游需求的因子组成，这些因子包括资源禀赋、在地文化、旅游产品、旅游业态、品牌形象、节庆活动、旅游设施以及服务质量等。资源禀赋和在地文化是传统的旅游资源，其丰富程度影响了其对旅游者吸引力的大小。一般意义上，旅游资源越丰富，旅游吸引力越大，引发的旅游动机和旅游需求就越强。旅游产品、旅游业态、品牌形象以及节庆活动是以资源禀赋和在地文化为基础而开发和打造的，产品多样性、业态多元化以及品牌独特性等是组成旅游吸引力的重要因子，是影响旅游需求的决定性因素。而旅游设施和服务质量是影响旅游吸引力不可缺少的重要组成部分，完善的旅游设施、良好的服务质量等也会影响旅游者的旅游体验。因此，在充分利用传统旅游资源的基础上，开发多样化的旅游产品，形成多元化的旅游业态，塑造独特品牌形象并具备完善旅游设施和良好服务质量，是旅游业高质量发展的重要动力。

（三）支持系统分析

支持系统是影响旅游需求系统和供给系统的重要因素，是促进旅游业高质量发展的重要辅助力量。根据扎根理论分析，它主要包括市场主体培育、重大项目培育、规范市场监管、优化政务服务、要素保障等驱动因子。从要素内涵视角将这些驱动因子分为市场培育和措施保障两大类，其中市场培育包含了市场主体培育、重大项目培育、规范市场监管等因子，市场秩序的规范化以及企业的发展壮大直接影响到旅游业的发展，它是旅游业发展的直接因素；而措施保障包含优化政务服务和要素保障等因子，完善工作机制，精简审批环节，以及在土地、智力、资金、科技等要素方面提供政策支持，以帮助和扶持旅游企业发展以及大型旅游项目顺利实施，它属于旅游业发展的间接因素。

（四）中介系统分析

中介系统是连接旅游供给系统和旅游需求系统的纽带，是旅游业高质量发展的联结力。它主要分为宣传促销、营销方式创新以及区域旅游合作三个部分。宣传促销是搭建旅游需求端和旅游供给端的信息桥梁，它能够将旅游供给端的信息以某种方式传递给旅游需求端，并将旅游需求端的信息反馈给供给端，实现信息的互通和良性循环，从而实现供给和需求的良好适配。此外，随着信息技术的发展以及消费人群的变化，除了传统的宣传促销方式外，更需要创新营销方式，尤其是面对新生代消费群体，这是一代"种草必来拔草"的群体，营销理念和营销方式、手段都要契合新生代消费群体的特征。为了突破旅游发展单打独斗的瓶颈，还需要加强区域旅游合作，推进资源共享和营销共推，互利共赢，构建旅游经济发展共同体。区域旅游合作是联结不同区域旅游发展的纽带，通过区域合作，形成供给端与供给端、需求端与需求端以及供给端与需求端之间的有效对接。

（五）旅游业高质量发展驱动系统作用机理分析

根据系统动力学，需求系统、供给系统、支持系统和中介系统共同组成了旅游业高质量发展的驱动系统，四大系统彼此独立，但又相互联系，各个因子（要素）以特定方式相互作用共同构成驱动系统。（如图4-2所示）资源禀赋、在地文化、旅游产品、旅游业态、品牌形象、旅游设施、服务质量、节庆活动等因子共同组成了旅游供给系统，这些要素共同决定了旅游吸引力程度。供给系统的信息及其吸引力，需要通过宣传促销、旅游区域合作组织等途径传递给旅游需求端，刺激旅游需求的产生。旅游需求强弱会影响旅游决策，进而影响旅游活动的产生；而旅游活动行为会直接影响到旅游业的发展，旅游业发展又会带动国民经济的发展。这又为旅游发展提供必要的政策支持，为设施建设等提供支撑条件，从而增强旅游吸引力，促进经济发展，最终实现良性大循环。所以，在旅游业高质量发展驱动系统中，各个因子都是缺一不可的，它们相互联系、相互作用，最终实现旅游业高质量发展的良性循环。

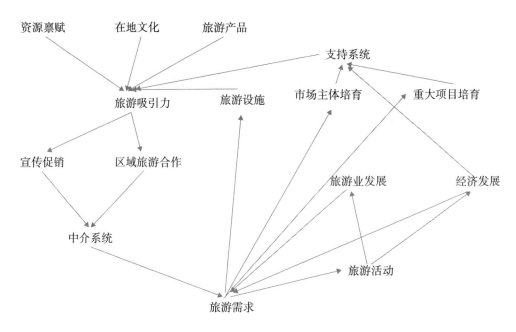

图4-2　旅游业高质量发展驱动系统作用机理

新发展格局下我国旅游业
高质量发展的实践探索

SHIJIAN PIAN

XIN FAZHAN GEJUXIA WOGUO LUYOUYE
GAOZHILIANG FAZHAN DE SHIJIAN TANSUI

• 第五章 •
我国旅游业高质量发展的阶段成效与难题攻坚

一、我国旅游业高质量发展取得的阶段性成效

在我国社会经济高质量发展的统领下，我国旅游业发展从认识到行动上都发生了巨大的变化。"十四五"旅游业发展规划明确提出了旅游业高质量发展的目标，从数量目标到质量目标，是旅游业成熟发展的标准，也是契合社会经济发展的总体趋势。经过多年发展，我国旅游业发展取得了巨大的成就。结合新发展格局，总结我国旅游业高质量发展的阶段性成效。

（一）旅游经济发展质量有所提升

据《中国统计年鉴》数据（2020—2021年旅游业受新冠疫情影响较大，故不作比较分析），2012年我国入境游客数量为13240.53万人次，2019年为14530.78万人次，增长率为9.74%，年均增长率为1.22%；2012年我国国内游客数量为29.57亿人次，2019年为60.06亿人次，增长率为103.11%，年均增长率为12.89%；2012年我国国际旅游收入为500.28亿美元，2019年为1312.54亿美元，增长率为162.36%，年均增长率为20.3%；2012年我国国内旅游收入为22706.22亿元，2019年为57250.92亿元，增长率为152.14%，年均增长率为19.02%。2012—2019年我国入境、国内游客数量以及国际、国内旅游收入均有不同程度的增长。相比游客人数的增长速度，旅游收入的增长幅度更明显。这在入境旅游上体现得尤为明显，虽然入境游客增速缓慢，但国际旅游收入的增长率较高。这说明，我国旅游业发展逐渐改变了靠人口红利换取高增长的发展方式，旅游经济增长质量有所提高。（见表5-1）

表5-1 2012—2019年我国旅游业发展基本情况

年份	入境游客（万人次）	国内游客（亿人次）	国际旅游收入（亿美元）	国内旅游收入（亿元）
2012	13240.53	29.57	500.28	22706.22
2013	12907.78	32.62	516.64	26276.12
2014	12849.83	36.11	569.13	30311.86
2015	13382.04	39.90	1136.50	34195.05
2016	13844.38	44.35	1200.00	39389.82
2017	13948.24	50.01	1234.17	45660.77
2018	14119.83	55.39	1271.03	51278.29
2019	14530.78	60.06	1312.54	57250.92
增长率（%）	9.74	103.11	162.36	152.14
平均增长率（%）	1.22	12.89	20.30	19.02

数据来源：《中国统计年鉴》。

2020年受新冠疫情影响，我国旅游经济发展趋缓，但是新型旅游消费需求加速释放，高端品质国内游替代了出境旅游，国内品质游快速发展。

（二）旅游区域发展更加协调

从各地区旅游业综合发展水平来看，我国东部地区旅游发展水平明显高于中西部地区。东部旅游发展实力高但发展速度缓慢，西部发展实力低但提升速度快、潜力大，全国整体呈现出一定的均衡化走向。（吕雁琴等，2021）

表5-2 2012—2019年我国城乡居民人均旅游花费及其差距

年份	人均花费（元）	城镇居民人均花费（元）	农村居民人均花费（元）	城乡差距（%）
2012	767.9	914.5	491.0	86.25
2013	805.5	946.6	518.9	82.42
2014	839.7	975.4	540.2	80.56
2015	857.0	985.5	554.2	77.82
2016	888.2	1009.1	576.4	75.07
2017	913.0	1024.6	603.3	69.83

续　表

年份	人均花费（元）	城镇居民人均花费（元）	农村居民人均花费（元）	城乡差距（%）
2018	925.8	1034.0	611.9	68.98
2019	953.3	1062.6	634.7	67.42

数据来源：《中国统计年鉴》。

从城乡旅游消费水平来看（见表5-2），自2012年以来，我国农村居民的人均旅游花费增长幅度较大，2012—2019年农村居民的人均旅游花费增长率为29.27%；城镇居民的人均旅游花费从2012年的914.5元增长到2019年的1062.6元，增长率为16.19%。此外，从城乡差距来看，自2012年起，我国旅游人均花费差距逐年缩小。这说明，随着我国经济水平和国民收入的提高，农村居民的消费潜力逐渐释放，城乡差距日渐缩小。

（三）绿色旅游取得了成效

联合国环境规划署（United Nations Environment Programme，UNEP）在2011年提出"旅游业绿色增长是实现可持续经济的重要组成部分"，旅游业绿色增长旨在"改善人类福祉和社会公平，同时显著降低环境风险和生态不足"。长期以来，旅游业采用粗放型方式带来了旅游经济的增长，同时也造成了诸多生态环境问题，旅游业实现绿色增长成为业内的共识。从演变特征上，中国旅游业绿色增长大体可以归纳为三个阶段：经济目标导向的绿色增长阶段、经济—生态目标导向的绿色增长阶段、经济—生态—社会目标导向的绿色增长阶段。（田磊、张宗斌，2018）

"十三五"时期，我国旅游业积极践行"绿水青山就是金山银山"理念，坚持绿色发展、生态优先，取得了明显成效。各地区健全落实旅游企业的绿色认证、监管制度，比如，出台了《国家绿色旅游示范基地标准》《西藏自治区绿色旅游示范基地试点评定细则》等国家标准和地方标准；旅游景区实行预警提醒和限制性措施，完善在线预约制度；各地区推进节能减排，倡导绿色消费方式，旅游住宿企业不再主动提供一次性客用品，减少了客用品的消耗；完善绿色旅游产品体系，旅游产品供给和生态旅游业态日益丰富。

（四）旅游创新迈上新台阶

创新是建设现代旅游业体系的核心要素，以数字化、网络化、智能化推动科技创新成果，将深刻影响旅游出行、旅游场景、消费支付等旅游全链条；通过升级传统旅游业态，催生旅游新业态，推动旅业从资源驱动向创新驱动转变。受益于科技创新和智慧旅游的发展，以国内旅游市场为主体、国际国内旅游市场双循环相互促进，旅游需求和旅游供给走向高质量发展。

创新作为旅游业高质量发展的驱动力，可以解决当前旅游业结构性矛盾。经过多年发展，涌现了一批全国性的示范样本。比如，杭州在旅游体制机制改革、产业融合、智慧旅游、旅游资源开发等方面做了创新实践，形成"杭州样本"。早在2013年，《杭州市"智慧旅游"系统顶层设计（2013—2017年）》《杭州市智慧旅游行动计划（2013—2017年）》及相关行业规范出台，杭州"智慧旅游"应用平台基本形成；利用"杭州城市大脑"平台，旅游出行、景区管理等方面实现了便捷化，助力文旅升级；2018年是杭州数字旅游元年，充分调动城市大脑旅游系统平台优势，打造"杭州优质旅游计划""智慧酒店建设"等数字文旅产品，提升旅游体验。

（五）旅游成果实现了共享

满足人民群众对美好生活的向往是旅游业作为幸福产业的重要使命。旅游是人民生活水平提高的一个重要指标，已成为新时期人民群众美好生活和精神文明需求的重要内容。（杨彬，2020）随着小康社会的建成，旅游成为人民群众的刚性需求这一特征会愈加明显，人民群众对优质、有效的旅游产品供给和服务需求会更加强烈。如何让旅游发展成果惠及广大人民群众，提高人民群众对旅游生活的获得感和幸福感，成为旅游业高质量发展的根本目标。

我国坚持大众旅游的人民性，最大程度地保障人民群众的旅游权利，旅游成果共享建设成效显著，为助力全面建成小康社会做出了贡献。在惠民旅游项目供给方面，各地在"旅游日"开展主题活动和公益惠民活动，推出减免门票等旅游惠民措施，丰富旅游产品供给，让旅游惠及广大人民群众，满足人民群众日益增长的旅游需求；在文旅基础设施建设方面，各地开展了"文化进基层"活动，完善公共文化设施网络建设，建成公共图书馆、非遗体验基地、博物馆、文化广场、戏曲交流中心等，打造"主客共享"的文旅生活；加强顶层设计，制定和出台了《旅游休闲街区等级划分》行业标准，各地打造了一批文化特色鲜明的国家级旅游休闲街区，满足人民群众休闲游览需求。

（六）旅游开放程度得到了提高

经过多年的经济高速发展，我国已经成为世界第二大经济体。G20峰会、"一带一路"国际合作高峰论坛等成为中国对外开放新格局中的新平台。我国国家形象伴随着全球化的进程得以不断重塑，成为吸引国际游客的关键因素。"十四五"规划明确提出"建设更高水平开放型经济新体制"，推动更高水平对外开放，是中国顺应历史大势的主动作为，是推进高质量发展的巨大动力。

在对外开放新格局中，旅游业在区域一体化、对外开放水平、国际合作等方面取得了系列成就。在对外开放水平方面，我国推行了入境旅游相关的签证、免税、边检等便利化政策，为国际旅游发展提供了政策保障，提升了入境旅游消费水平。在区域一体化建设方面，持续深入推进长三角、京津冀、粤港澳大湾区等区域旅游一体化建设，加强区域内城市旅游合作，区域一体化从全面加速转向全面深化，在产品开发、市场开发、服务提升等方面深化合作，开启区域文旅发展新格局。在国际合作方面，2015年我国发布了《推动共建丝绸之路经济带和21世纪海上丝绸之路的愿景与行动》，其中多项措施涉及旅游业发展，它是中国旅游业发展的新引擎，不仅促进了跨境区域旅游合作，而且推动了地方旅游升级发展，比如广西与周边的越南、泰国、马来西亚等国家和地区合作，推进形成广西与泛北部湾地区跨国旅游一体化发展格局。

二、当前我国旅游业高质量发展的三大难题

近年来，我国旅游业发展取得了巨大的成就，发展质量提升，产业规模扩

大，产业地位更加巩固，经济带动作用愈加明显，现代旅游业体系逐渐完善。但受新冠疫情冲击、国际环境多变等诸多因素影响，旅游业发展依然面临难题，影响旅游业高质量发展的顺利推进。

（一）生产要素制约造成发展质量低下

《旅游质量发展纲要（2013—2020年）》指出，实施质量强旅战略、建设旅游质量强国，是转变旅游业发展方式、走规模增长与质量效益并重发展道路的内在要求，是实现旅游业科学发展、增强我国旅游业国际竞争力的战略选择。对于旅游业发展质量的考察，首先是考察旅游业持续稳定的增长是否能够实现，即旅游业的稳定性；其次是考察旅游业在供需方面的协调性，即资源配置的效果如何。（魏婕等，2016）当前我国旅游业发展质量整体不高，一是现有旅游产品供给无法满足高品质旅游需求，以大客流为基础的"门票经济"模式长期存在；二是旅游业的稳定性呈现大起大落的态势，产业忽冷忽热的现象明显。（魏婕等，2016）

出现这一问题的根本原因在于，我国旅游业技术创新、人力资本素质等高端要素不足，难以支撑旅游产业转型升级和发展质量提升。一方面，旅游业是人力资源大产业，但不是人力资源强产业。作为劳动密集型产业，旅游业吸纳了大量的低层次就业人口，但行业吸引力不够、薪酬竞争力不强等多重因素造成了无法吸纳高素质人才。高素质人才匮乏、人才结构不够优化等，难以满足我国旅游产业转型升级对高质量人才的需要。另一方面，旅游业是一个创新十分活跃的领域，但旅游科技创新相对较少。（冯凌，2018）科技创新在产业转型升级、产品创新、企业效率提升等方面起到了积极的作用。但是，我国也面临旅游创新宏观环境不佳、经费投入不足、产品科技含量低、创新机制不完善等不利因素（周成等，2022），这些都造成了我国旅游业整体创新能力不足，不仅创新成果少，而且成果转化率也低。

（二）制度滞后和企业制约造成发展效率低下

近年来，我国旅游业发展效率得到了一定程度的提高，尤其是纯技术效率的增长幅度较大，"提质增效"效果显著，我国旅游业发展呈现从规模经济转向集约化发展的趋势。（王胜鹏等，2020）但是，受旅游企业发展质量不高、旅游管理体制改革成效不明显等因素影响，我国旅游业发展仍处在"粗放型"阶段，发展效率区域差异明显，这些是摆在我国旅游业高质量发展面前的难题。

为了促进旅游业的发展，政府部门对各种制度都进行主动性或被动性调整。（刘梦华、易顺，2017）我国旅游业的发展史也是旅游管理体制的改革史。1964年成立中国旅行游览事业管理局，1978年更名为中国旅行游览事业管理总局，并在各省份成立旅游局，1982年中国旅行游览事业管理总局更名为国家旅游局，2018年组建文化和旅游部。"权责不统一""多头管理""政出多门"等现象在旅游管理体制中长期存在。旅游传统六要素"吃、住、行、游、购、娱"分别掌握在不同的行政管理部门，涉及农业、林业、交通、住建等多个部门。为推进旅游高质量发展，需要加强顶层统筹，使顶层协调制度化，充分认识到"大市场、小政府"是旅游管理体制改革的方向与趋势，充分调动地方政府的积极性，结合各地地情探索行政管理模式，以破解旅游管理体制中的条块分割、体制僵化、机制不活等难题。

作为旅游业发展的主体，旅游企业发展质量整体有待提高。一是旅游企业"小、散、弱、差"的状况并未得到根本改变，中小微旅游企业构成我国旅游企业的主体，融资困难，经营业绩不佳；二是缺乏龙头企业的带动，主体多为地方政府整合资源组建的平台类企业，市场主体动能不足，经营效率不高。为此，要增强市场主体活力，支持中小微旅游企业创新发展，培育有影响力的旅游企业，充分发挥旅游企业在市场中的主体作用，做大做强。

（三）供需不匹配造成发展动力不足

产业发展动力来源于供给侧动力和需求侧动力。以需求带动供给、供给创造需求，统筹供需关系是旅游业高质量发展的要求。需求侧层面要顺应旅游消费转型和升级趋势，为供给侧改革营造良好的宏观环境；供给侧层面要提高有效、优质的旅游产品供给能力，创造新供给，扩大旅游需求。需求侧和供给侧互相配合、互相促进，为我国旅游业高质量发展提供持续不断的动力。

从需求侧来看，受消费观念、消费环境及消费能力等制约，旅游消费潜力尚未得到全面释放，相比于其他消费项目，旅游消费率偏低。尤其是2020年新冠疫情发生以来，旅游消费增速放缓，国内旅游人数和国内旅游收入较于2019年均有大幅下降。尽管整体上旅游消费深受疫情影响，但是旅游消费需求仍然旺盛。文化和旅游部的抽样调查统计显示，2022年一季度国内旅游总消费呈现逆势增长态势，市场释放的信号比较积极，表明旅游消费需求仍然旺盛。此外，大众旅游需求日益呈现出向"品质游"转型升级的态势，旅游消费分层的态势也日益凸显。

从供给侧来看，我国旅游产品供给与旅游消费需求不匹配。首先，当前我国旅游产业与其他产业的融合深度不够，缺乏创新性，观光型产品仍然是我国旅游投资项目的主体，休闲度假产品供给不足，品质游、个性游、深度游等旅游产品项目更显不足。其次，消费者对旅游产品和服务品质要求越来越高，但是，智慧旅游、沉浸式旅游发展得并不充分，尚不能完全满足旅游者的需求。整体而言，低端产品过剩，而高端产品不足、优质产品缺乏，支撑产业增长的动力不足。

三、新发展格局下我国旅游业高质量发展的推进方向

新发展格局下，推动旅游业高质量发展是当前和未来的发展主题。"十四五"旅游业发展规划指出，"进入新发展阶段，旅游业面临高质量发展的新要求"，"'十四五'期间，以推动旅游业高质量发展为主题"。基于旅游业高质量发展的内涵特征，结合新发展格局，从改革赋力、创新赋能、文化赋值、协调赋利等方面解析新发展格局下我国旅游业高质量发展的推进方向。

（一）改革赋力

始终将改革作为旅游业高质量发展的主线，为旅游业发展注入新的活力。一是改革旅游管理体制机制，深化旅游管理机构的建设，强化"齐抓共管"，实行旅

游资源统一管理，加强差别化用地政策，引导和鼓励民间资本与政府合作，解决优质旅游项目落地难的问题，以制度创新破除行政管理体制给旅游业发展带来的障碍。二是推进旅游供给侧结构性改革，深化文旅融合，推动"旅游+""+旅游"多产业融合发展，因地制宜培育旅游新业态，建设一批有品质、有特色的旅游度假区和景区、旅游休闲城市和街区，使得优质旅游供给更加丰富。三是加强旅游需求侧管理，疏通需求"堵点"，优化旅游消费环境，创新旅游消费场景，适时发放旅游消费券，全面而充分地释放旅游消费潜力，畅通国内大循环，大力发展国内旅游市场，完善旅游基础设施和服务体系，满足多层次、多样化的需求。

（二）创新赋能

坚持创新赋能，以新技术应用为旅游业高质量发展提供新动能。一是加大新技术在旅游领域的普及应用，提高旅游企业数字化工具的应用程度，推动旅游消费体验、旅游公共服务、旅游治理、旅游企业管理等具体领域的技术研发和应用示范，实现旅游产业数字化转型升级。二是突破资本、劳动力等传统要素瓶颈，创新发展绿色旅游、低碳旅游新技术，倡导旅游企业清洁生产，推动旅游企业节能减排、节能降耗，建立旅游碳资产管理体系，对高能耗、高污染的旅游项目进行绿色化改造，大力发展循环经济。三是强化创新驱动发展的智力支持，深化旅游创新人才的培养力度，加强旅游行业与高校、研究院等智力机构合作，搭建产学研用一体化平台，加大中小微旅游企业的智力支持，增强旅游企业技术创新能力。

（三）文化赋值

贯彻文旅融合理念，以文化为旅游业发展增加附加值。一是通过资源梳理、整合，将优秀的文化资源、文化元素注入旅游项目，打造有吸引力的文旅产品，开发文旅融合的新业态，呈现"文化+旅游""旅游+文化""文旅+"多元化融合模式。二是优化市场环境，培育一批优质的文化旅游项目，加大投资引进力度，做好文旅龙头企业的培育工作，支持骨干企业做大做强，提高企业市场主体活力，形成一批有影响力的文旅品牌。三是加强文旅融合发展的顶层设计，探索文旅融合综合治理体系，打通文化旅游业的协调、监管等职能，打破行政壁垒，推进文旅行政管理一体化，实现"融合共享"的体制机制创新。

（四）协调赋利

通过城乡协调、区域协调，实现全民共享旅游发展红利。一是深化旅游区域合作，培育区域旅游发展新空间，推行区域旅游互惠政策，开展区域旅游联合推广，推动形成优势互补的区域文化和旅游发展新格局，缩小区域差距，实现共同富裕。二是加强城乡统筹协调发展，把文化和旅游发展纳入乡村建设行动计划，推动乡村文化产业发展和乡村旅游，培育和推出一批示范性的全国乡村旅游重点村镇和全国乡村旅游聚集区，完善利益分配机制，让更多农民享受到乡村发展的成果。三是将乡村建设与城镇化建设融合起来，发挥城市的带动作用，做好乡村基础设施建设，完善公共服务功能，促进城市与乡村旅游联动发展，打造乡村文化和旅游品牌，保护好乡村传统风貌和历史文脉，使农民享受到高质量的生活。

四、新发展格局下我国旅游业高质量发展的实现路径

新发展格局下推动旅游业高质量发展，应以新发展理念为指导思想，以"国内大循环主体"为导向，以技术创新和制度创新为动力，以全民共享旅游发展成果为根本目标，兼顾效率和公平，加快推动旅游业发展质量、效率和动力变革。

（一）解决技术创新投入不足的问题，提高生产要素质量

一是加快建立支撑旅游业高质量发展的技术创新体系。打造旅游企业创新主体，孵化培育创新型旅游企业，强化旅游企业在研发投入、技术研发、技术应用等方面的主导作用，支持旅游企业开展新技术成果应用，形成旅游企业新业务增长点。促进产学研用深度融合，强调产学研用在健全技术创新体系中的重要作用，推动旅游企业与科研机构、高等院校建立长效对接机制，打通产学研用的转

化通道，推动新技术成果落地转化，健全产学研用协同创新组织机制。充分发挥市场在技术创新中的导向作用，加强技术服务平台建设，构建开放共享的技术服务网络，完善政策管理体系，提升技术创新体系效能。二是加快提升人力资本水平，为旅游业高质量发展提供高质量人才支撑。加大旅游教育的相关投入，以高等院校、职业院校、专业培训机构为载体，通过教育、再教育、培训等方式培养一批适应旅游业发展需求的高质量人才，突破旅游业人力资本"低端锁定"的瓶颈。完善旅游高等教育体制，以行业需求为导向，完善旅游人才培养方案，提高教学质量，提升高端旅游人才的创新能力，提高拔尖旅游创新人才的培养水平，提升创新型人力资本，切实解决旅游人才"高端不高"的问题。完善高质量旅游人才培养的配套制度，健全旅游人才评价体系，创造高质量的就业岗位，打通人才向上流动通道，充分激发人才的创新创业活力。三是推动形成高质量的生产要素供给新体系。增加新型要素供给，整合旅游公共数据资源，加快建立和完善旅游大数据公共服务平台，提升旅游信息化设施建设，由数字经济、智能经济等新经济衍生而来的新业态成为引领旅游业发展的新增长点，带动全要素生产率的提高。优化人力、资本、信息、制度等要素供给方式，促进要素供给的结构性转换，完善多层次资本市场，提高资本运作效率，增加有效的制度供给，最大限度地用好制度红利，充分发挥市场在要素配置中的主导作用，提高产业运行效率。

（二）激发市场主体活力，增强发展内生动力

一是培育市场主体，发挥旅游龙头企业的"火车头"作用。协同、整合上下游旅游企业，组建和培育一批文化旅游投资集团，探索不同的集团化发展模式，提高产业整合能力和资本运作能力，改变旅游企业"小、散、弱、差"的局面，提高旅游产业整体效益，成为旅游业提质增效的"发动机"。深化国有旅游企业改革，推行国有旅游企业公司制股份制改革，完善公司治理结构，形成自主经营、自负盈亏、自担风险、自我约束和自我发展的独立市场主体，让国有旅游企业更具活力。借助"外力"引进战略投资企业，实现本土旅游企业资本结构、治理结构、人力团队和发展环境的全面优化，最终实现提质增效。二是加大中小

微旅游企业和旅游创客的培育，激发市场主体的活力。重视小微旅游企业的成长潜力，深度挖掘中小微旅游企业和旅游创客在丰富旅游业态、创新旅游产品等方面的发展潜力，培育一批具有发展潜力和发展特色的中小文旅企业。用好普惠金融政策支持中小微旅游企业的繁荣发展，完善投融资担保模式，发挥文旅产业投资基金等现有基金作用，培育和助力中小微企业获得金融支持。三是弘扬企业家精神，推动旅游企业高质量发展。充分发挥企业家作用，鼓励企业创新改革，保障各类市场主体合法合规经营，维护民营企业合法权益，充分调动和激发市场主体的积极性、主动性和创造性，形成旅游龙头企业"顶天立地"、中小旅游企业"铺天盖地"的格局。培育企业家队伍，健全和完善职业经理人市场，深入推进"大众创业、万众创新"，拓宽企业家遴选范围，建立企业家改革创新容错机制，健全企业家激励约束机制，促进企业家队伍不断发展、壮大。

（三）提高供给体系质量，提升供给与需求的适配性

一是提升旅游供给能力，激发旅游消费潜力。加快培育旅游产业竞争新优势，推进产品链与创新链协同发展，提升旅游产品的文化内涵，鼓励旅游新业态、新模式，加快发展数字旅游、智慧旅游等，结合新业态开发和推出优质旅游产品，健全现代旅游产业体系。深化旅游供给侧结构性改革，扶持建设一批优质的旅游项目，丰富旅游产业供给链，规范旅游企业投资、开发和经营行为，清除旅游产能过剩，全面推进"旅游+"的产业融合工程，充分发挥供给端活力。推进数字经济与旅游业的深度融合，以数字化、智能化、大数据等新技术赋能旅游业创新变革，加快发展数字文旅产业，完善智慧旅游、数字旅游建设，全面提升旅游业质量和水平。二是拓展旅游消费体系，满足多层次消费需求。拓宽旅游消费领域，创新旅游消费场景，鼓励发展夜间经济、旅游新业态，延长公共文化和旅游场所的开放时间，积极探索利用工业遗址、老旧厂房开设文化和旅游消费场所，打造特色休闲街区和旅游消费集聚区，推动旅游消费提质扩容。完善促进旅游消费的保障机制，落实节假日和带薪休假制度，持续推行旅游惠民措施，提升旅游消费意愿和能力，改善旅游消费环境，完善旅游公共服务设施，充分释放旅游消费潜

力。创新旅游宣传推广机制，借助互联网、大数据等实施精准营销，建立旅游信息共享机制，扩大旅游业对外开放力度。三是促进供给端和需求端的高效触达，形成良性反馈机制。利用大数据等新技术增强旅游企业对旅游者的理解和沟通，利用新媒体等渠道触达新兴旅游消费群体，与消费市场建立交互反馈机制，根据旅游新需求及时优化旅游产品和服务供给，形成供给端和需求端的良性反馈机制。

（四）完善政府调控机制，优化营商环境

一是健全政府机构职能体系，更好地发挥政府作用。理顺政府与市场的关系，加快政府职能转变和行政管理体制改革，进一步规范政府行为，建立完全符合市场经济要求的政府和企业之间的新型关系，形成边界清晰、运行高效、权责一致的政府机构职能体系。深化"放管服"改革，简化旅游企业行政审批制度，清除各类限制和障碍，降低准入门槛，创新旅游企业监管模式，提高旅游市场监管效能，构建公平、和谐的营商环境。持续完善政府宏观调控，完善中长期旅游业发展规划制度，增强重大旅游发展战略和中长期旅游业发展规划对土地开发、资源配置等政策措施的引导、协调功能。二是营造良好的政策环境，调动市场主体活力。优化中小微旅游企业的发展环境，打破市场分割，落实纾困惠企政策，提高中小微旅游企业的普惠性财税政策支持力度，激发中小旅游企业的积极性。创新土地、人才、金融、税收等方面的旅游政策措施，研究出台能用、管用、实用的实施细则，健全旅游品牌建设、招商引资等方面的扶持措施，充分发挥政策集成效应，优化旅游发展环境。构建旅游业高质量发展的统计指标和评价指标体系，指标体系要兼顾效率、公平，突出绿色、开放、创新、协调等新发展理念，淡化数量增长的评价指标。三是深化旅游治理，加强旅游综合执法。坚持依法治旅，贯彻落实和适时修订旅游业相关法律法规，加大旅游市场监管力度，健全质量监管体系，完善旅游投诉处理机制，规范旅游市场经营行为。推进旅游安全保障体系，健全突发事件管理机制，加强重大事件和突发事件的应急预案管理，建立旅游市场风险预警机制。完善旅游信用监管制度，建立综合协调机制，开展旅游行业企业信用评价。

第六章

数字化赋能旅游业高质量发展的实践探索

改革开放以来，伴随着经济全球化的浪潮和人民生活水平的提高，旅游业快速发展，规模不断扩大，质量也不断提升，旅游业作为我国国民经济战略性支柱产业的地位更加巩固。文化和旅游发展统计公报数据显示，1979—2019年，我国入境游客从420.39万人次增长到14531万人次，国际旅游外汇收入从4.49亿美元增长到1313亿美元。尽管我国旅游业发展取得了不少瞩目成绩，但是仍然存在低质低效问题，在发展模式、规模效益等方面尚有较大的提升空间。数字技术是旅游业天然的"近亲"，关联度较高。以数字化推动我国旅游业的转型升级，实现新发展格局下旅游业"质"的提升，推动我国旅游业的高质量发展，对于加快我国由旅游大国迈向旅游强国的步伐具有重大意义。

一、旅游业数字化转型的内涵

（一）旅游业数字化转型的基本概念

数字化已经不是一个新鲜话题，它在各行各业均有不同程度的应用。"数字化"转型是通过数字技术在产业、行业、企业等不同单元组织中的应用，再造生产（服务）流程，带来新的生产（服务）方式、商业模式和组织结构。它本质上是一场效率革命。数字化赋能旅游业领域发展的关键在于：依托大数据、云计算、区块链等新技术，在大数据处理分析过程中有效降低成本，提高服务流程的效率，增强顾客体验，提升旅游业现代化水平，开启"数字旅游"的全新时代。

伴随数字技术的迭代和进化，旅游业数字化转型的内涵将会不断扩展，学者们从不同侧重点对旅游业数字化转型进行了相关界定。李君轶（2012）首次提出了数字旅游业是以信息通信技术为基础，以数字化为支持，为旅游发展提供软硬件设备、数字化旅游产品和数字化服务的产业。周锦等（2021）认为数字化渗透旅游业的过程实质是产业创新发展。周湘鄂（2022）提出数字化有可能为文化旅游产业提供前所未有的"增值"效应，推动文化旅游实现从高速发展走向高质量发展的重要拐点。陈琳琳等（2022）认为数字技术赋能旅游业高质量发展，表现为数字技术提升旅游产业效率，数字技术促进旅游产业结构升级，数字技术推动旅游商业模式创新。魏翔（2022）则认为数字旅游不只是一种技术应用，还是旅游资源价值寻求模式质变的重要载体。

综上所述，学者们对旅游业数字化转型的内涵已形成了部分共识，数字化赋能是对传统旅游业的创新突破和变革发展，它主要体现在：第一，旅游体验的提升。数字技术的应用可以再造旅游体验流程，通过整合旅游数据，能及时了解和预测旅游者的需求，打通所有对客服务渠道，实现自动化对客服务，为旅游者带来更好的数字化体验。第二，产业效率和商业模式的创新。数字技术加速变革传统旅游业的生产、营销、管理等环节的基本模式，革新了业务系统和组织架构流程，极大提升了产业效率并且降低了运营成本。尽管如此，旅游业数字化转型并不会突破旅游的基本范畴，其本质上都是由资源禀赋、专业化生产和社会分工所产生的不同主体之间产品、服务和要素的转移和流动。（夏杰长、李銮淏，2023）因此，旅游业数字化转型是传统旅游业在数字经济时代的创新发展，是实现数字旅游业的过程，并且会持续很长时间。旅游业数字化转型是数字旅游业的动态过程，数字旅游业则是旅游业数字化转型的目标，两者为手段和目的的关系。数字化是当前旅游业发展最显著且最重要的新动能之一，将数字技术和旅游业深度结合，挖掘旅游业领域的关键数字技术应用场景，这是我国旅游业高质量发展命题中的重要议题。

（二）旅游业数字化转型的驱动因素

旅游业数字化转型主要受消费行为、宏观环境、企业创新等因素驱动，这三者构成了旅游业数字化转型的驱动力。（如图6-1所示）

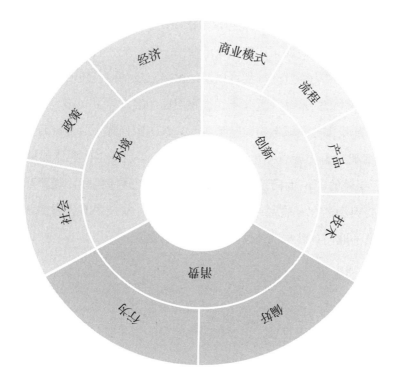

图6-1 旅游业数字化转型的驱动力模型

1.消费驱动因素

一是消费方式数字化趋势。数字技术的蓬勃发展，催生了在线预订、直播选品、移动支付等数字化消费形式，国民消费方式数字化趋势明显，数字化消费已经成为国民生活不可或缺的重要部分。数字化消费方式驱使传统旅游业打破自身界限，必须满足移动化、全渠道等特征才能适应新消费方式。二是消费偏好定制化、场景化。伴随着旅游者的成熟和旅游产品的多元，旅游者愈加偏好定制化和注重体验感的旅游产品，这就要求旅游业必须就差异化的旅游需求进行个性化精准定制，运用线上与线下、实体与虚拟等融合方式进行旅游场景的创新，将旅游者的旅游经历打造成集五感感受于一体的旅游体验。

2.环境驱动因素

一是全球经济乏力。自2007—2008年环球金融危机以来，全球经济疲软，叠加新冠疫情对经济的影响，全球经济衰退风险上升，亟须发展新动能。继机械化、电气化、信息化之后的第四次工业革命——数字化，将对经济发展产生巨大影响，数字经济将成为恢复全球经济以及缓解新冠疫情对传统产业冲击的重要推动力。二是国家政策的推动。近几年，国家层面相继出台了文旅数字化建设的系列政策文件，加快文旅领域数字化转型步伐。在国家指导下，地方政府也纷纷出台相关文件细则，为文旅数字化转型推波助澜。三是新生代群体的崛起。"Z世代"，乃至更年轻的"α世代"（Generation Alpha），这些代际伴随着互联网时代成长起来，是典型的"互联网原住民"，对互联网、新技术有天生的敏感性，成长的环境造就了他们具有与以往世代不同的价值观。

3.创新驱动因素

数字技术的迭代进步固然是数字化转型的重要驱动因素，但是，以创新为驱动助力传统产业实现升级发展，也是数字化转型的重要驱动因素。一直以来，旅游业处于高速发展的态势，但是仍然存在效率低下、人力短缺等问题，外加新冠疫情对旅游业的严重影响，困扰旅游业发展的难题愈加明显。产品创新、流程创新、业态创新、商业模式创新等成为新形势下旅游业发展转型的重要突破口，也是实现数字化转型的催化剂。因此，以创新为驱动，通过数字化赋能旅游业，加快实现旅游业的转型升级。

二、数字化赋能旅游业高质量发展的作用机理

数字化赋能我国旅游业高质量发展的作用机制主要体现在三个方面：一是有效匹配供需，提高效率；二是降低旅游企业成本，增加效益；三是催生旅游业新业态、新模式，驱动新变革。（如图6-2所示）

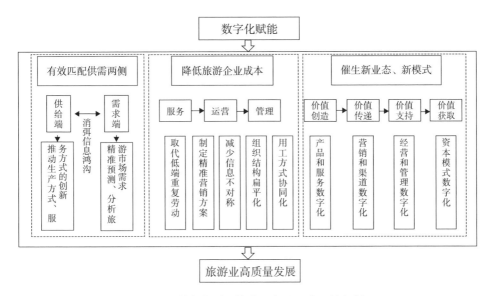

图6-2 数字化赋能旅游业高质量发展的机制

1.有效匹配供需两侧，提高效率

旅游具有异地性属性，传统旅游模式中供需两侧存在严重的信息不对称等问题，导致供需沟通时效差、市场主体反应滞后、供需两侧匹配效率低等矛盾。这些矛盾对旅游供需动态平衡的形成造成了极大阻力。随着数字技术在旅游业的广泛渗透和深度融入，数字化赋能旅游业的供给、营销、消费、管理等重要环节，加快了供需两侧的信息传送、反馈，优化了供需两侧及其匹配效率。

数字化赋能旅游业供需两侧匹配主要体现在以下三个方面：一是数字化推进旅游业生产方式和服务方式的创新。一方面，AR/VR、元宇宙等数字技术的应用，赋予传统优秀文化和资源以新的生命力，激活了资源，丰富了产品业态，并且以数字技术为载体创新了消费体验场景，拓宽了旅游消费空间；另一方面，旅游供给主体利用大数据等对需求市场进行较为精准的预测和分析，减少无效供给，提高各类资源要素的有效配置和利用，从而形成高效、优质的旅游业供给体系。二是数字技术推动旅游消费的转型升级。数字技术突破了传统旅游活动时空的局限性，数字化的旅游消费空间正在从实体性消费空间转向虚实结合、线上线下一体化的消费空间。5G、AR/ VR、全息投影等数字技术与旅游的深度融合，打造沉浸式旅游体验场景，拓宽了旅游消费空间。此外，数字化带动了旅游消费新需求，个性化、互动性、体验式等旅游需求是今后旅游业发展的重要趋势。三是数字技术消弭旅游业信息鸿沟。数字技术的应用，有效打破了供需两侧的信息壁垒，加快信息的传送、反馈和沟通。数字经济时代，旅游企业能更快洞察消费需求，加快市场反应速度，缩短产品开发周期，有效缓解信息滞后带来的供需不平衡等问题。

2.降低旅游企业成本，增加效益

旅游业是劳动密集型产业，是以提供劳务为主的服务，人力成本在旅游企业运营成本中占有极大的比重。数字经济时代，通过智能工具、数字技术以及大数据等的应用，可以使企业从服务、营销和管理等各个方面有效降低人工成本、管理成本和运营成本等费用支出，增加企业效益。第一，在服务方面，从为客人提供无接触服务到了解不断变化的市场供求关系，数字化成为旅游企业应对新冠疫情挑战的重要法器之一，同时新冠疫情也加快了数字技术在旅游企业中的应用。旅游企业广泛采用了线上预订系统、无接触服务、AI智能客服、智能机器人等工具和手段，智能技术可以代替机械性的重复人工劳作，大大降低了人工成本。第二，在运营方面，通过大数据、云计算等数字化手段，能够对旅游市场需求进行精准的科学量化分析，精准对接客户需求，制定有效的营销方案；此外，结合互联网、云直播平台等，减少旅游异地性等带来的信息不对称，提高沟通效率、交易效率等。第三，在管理方面，一是数字化使得企业组织结构从传统的金字塔结构向扁平化结构调整，不仅降低了沟通成本，而且组织更加灵活和敏捷；二是数字化催生了越来越多的协同平台，共享用工、灵活用工、远程办公成为新的用工形式，企业组织本身正在趋于无边界；三是数字化再造组织形态，越来越多的企业为了平衡管理成本和维持灵活性，会更专注于自身的核心业务，而将非核心业务外包出去。

3.催生旅游业新业态、新模式，驱动新变革

伴随着新兴旅游市场需求的新特征——个性化、多元化、柔性化等，传统旅游业发展模式面临着诸多挑战，而数字技术的出现、迭代和进化为旅游业发展模式创新提供了新的契机。数字化是旅游业新业态、新模式的重要催化剂。数字化转型会对价值创造、价值传递、价值支持和价值获取四个环节都产生影响，因此也必然会改变传统的商业模式。

数字化催生新业态、新模式，主要体现在：第一，在价值创造环节，旅游产品和服务实现数字化。随着数字技术的迭代和发展，数字化手段渗透至旅游业的方方面面，旅游业逐渐进入数字时代，数字博物馆、智慧景区、数字导游服务、数字旅游线路等层出不穷，人们可以在数字空间体验旅游活动。第二，价值传递环节实现营销和渠道的数字化。数字化带来的营销方式的变化，就是营销渠道的线上化和移动化，融合线上和线下的全渠道营销成为趋势。借助大数据，通过旅游者海量数据的分析，可以实现精准定位，为游客提供更精准化的旅游产品和服务。第三，支持价值系统实现数字化。数字技术也对旅游企业的制度、流程、文化和管理产生影响。一方面，数字化给经营带来的影响是"无人化"趋势，旅游企业的流程化工作被人工智能和机器人代替；另一方面，数字化给管理带来的影响是线上协作办公趋势，组织的沟通方式和管理方式随之发生变化，管理数字化的效果是提高了组织内部沟通协作的效率。第四，利用资本杠杆加快数字化转型。旅游龙头企业通过并购或者孵化的形式，推动旅游创新企业发展和加快自身转型发展，实现双边赋能；此外，旅游企业也要利用资本汇集创新创业人才，让人才"基因"推动企业的数字化转型。

三、我国旅游业领域数字化赋能的现实挑战

数字经济时代，数字化作为助推我国旅游业高质量发展的强大动能，为旅游业实现降本增效、提升运营效率发挥了积极作用。尽管如此，我国也面临着阻碍

旅游业数字化转型的系列难题和挑战，这些挑战主要来自组织层面、运营层面和技术层面。

（一）组织层面的挑战

1.缺乏顶层战略设计

传统旅游业在数字化转型过程中，缺乏顶层设计的战略思考，缺乏系统性的规划。旅游业数字化转型，要求从战略规划层到经营管理层层层落地，需要资金、资源等多种要素投入，还需要各个环节共同发力，才能把数字化转型真正串联起来。这主要源于以下两点：一是缺少拥有决策自主权的数字化机构或领导。数字化机构或领导必须有实施、控制数字化转型的权力，具有决策自主权、直接预算权，而不仅仅是一个首席数字官或者数字化部门的头衔或者名称。二是数字化未融入企业文化。数字化只有深度融入企业文化，使其成为全员理解、认可和接受的重要文化，才能将数字化真正贯彻于旅游业转型过程中；否则，数字化转型只能是空中楼阁。

2.缺乏数字化人才

数字化人才是推动旅游业数字化进程的重要支撑要素，对旅游业转型升级和高质量发展具有重要意义。据《产业数字人才研究与发展报告（2023）》，当前我国数字人才缺口在2500万至3000万人，且缺口仍在持续放大。拥有信息通信专业技能的人才、同时通晓旅游业发展和数字技能的复合型人才，都存在较大的缺口。造成旅游业数字化人才缺口的原因，一是人才培养无法跟上数字技术迭代的速度。数字技术更新日新月异，传统旅游专业无法培养或者培养速度无法适应数字技术更新需求的复合型人才。二是旅游企业无法承担数字化人才培养的资源投入。大部分旅游企业都是中小型企业，实力有限，而培养数字化人才需要大量的人力、物力和财力的投入，大部分旅游企业显然无法满足需求。

（二）运营层面的挑战

1.数字化建设的"孤岛现象"

旅游业和数字化深度融合是旅游业转型发展的重要趋势。但是在实践中由于技术欠缺、制度不完善等，数字化建设存在"孤岛现象"。这主要表现为：跨地区、跨部门，各自为政、相互割裂，"孤岛思维"长期存在，导致数字化低水平重复建设，数据、系统和平台等资源无法实现互通共享，造成资源的严重浪费。要解决数字化重复建设、"数字孤岛"等问题，首先需要做好数字共享的顶层设计，破除数字建设的合作障碍，打破数字平台的属地化、层级化管理界限，建立数字建设共享模式，将"数字孤岛"连成"数字大陆"，形成数字资源高效配置的格局。

2.基于"惯性"依赖传统路径

数字化转型对提高产业生产力、提高企业敏捷性具有重要作用。然而，要实现数字化转型，首先需要克服"惯性"。人都习惯做自己擅长的事情，而数字技术的应用要求放弃熟悉的领域，进入全新的环境重新开始，这也是数字化转型面临的主要挑战之一。当前我国旅游业在进行数字化转型流程变革时的常见问题，一是缺乏全局意识，很多企业在数字化转型时会做流程的优化，但仅仅停留在部门或局部层面，缺乏全局意识；二是缺乏变革思维，很多企业引进了各种信息化系统来进行数字化建设，但是实施系统的逻辑还是停留在手工业务运作模式，是典型的"为了数字化而数字化"；三是数字化转型变革需要有再造传统业务流程的勇气，显然与既得利益者是有矛盾冲突的。要想真正实现数字化转型，需要从业务需求出发，融合流程和数字化，再造业务流程、优化组织结构。

（三）技术层面的挑战

1.构建数字化的技术能力不足

旅游业数字化转型的目的，是利用数字技术破解旅游产业、企业发展中的难题，实现产业转型升级以及企业价值增长。数字化转型不仅要求企业能够掌握数字技术，而且需要将数字技术平台与旅游业务平台相结合，找准两者的结合点，将数字技术应用至现有的旅游业务中。但是，由于缺乏对新技术以及对新技术适用的旅游业务场景理解透彻的数字化人才，数字技术无法很好地与旅游业务相结合。尽管部分旅游企业、旅游目的地进行了旅游数字化部署，但仍处于试点阶段，无法进行大规模复制和推广，覆盖旅游全流程的数字链尚未构建，无法形成"全产业全场景"数字化规模效应。

2.建设数字化的数据难题

数据是数字化建设的依托，是实现数字化转型的重要基础设施。如今旅游业数字化转型面临的数据难题，一是数据互融共享是数字化转型的首要命题。旅游业具有跨区域、跨部门、跨行业经营的特征，如何实现区域之间、行业之间和部门之间的数据获取、数据保存、数据共享，实现数据互通共享，充分发挥数据的资产价值，是旅游业数字化转型面临的重要难题。二是数据安全是数字化转型的重要保障。伴随数字化进程带来的海量数据增长，对数据的网络安全技术提出更高的要求，数据安全要跟得上数字进步迭代的速度，这也将是旅游业数字化转型面临的重要挑战。

四、数字化赋能旅游业高质量的实施路径

基于数字化赋能高质量旅游业发展的机理，针对当前旅游业数字化转型中的难题和挑战，实施路径需要从战略规划、人才培养、设施建设、创新驱动等多方面进行，以充分释放数字化赋能旅游业高质量发展的动力。

（一）坚持战略引领，统一数字化转型认知

要实现旅游业数字化转型，首先需要形成自上而下对数字化转型的迫切感，建立统一的数字化转型认知，并基于旅游业务流程设计数字化转型的远景和顶层

战略。一个好的战略规划要明确目标和实现目标的方法。旅游业数字化转型，要围绕"转什么"以及"如何转"这两个关键问题，"转什么"明确战略目标，"如何转"明晰实现路径。在实践中，不少旅游企业对为何要进行数字化转型并未形成统一认识，存在"跟风效仿""为了数字化而数字化"或者"因为某些新概念很好，可以尝试一下"等想法。

战略为先，紧握业务。坚持战略引领，统一数字化转型认知，是实现旅游业数字化转型的关键一步。首先，要建立推进旅游业数字化转型工作的"一把手"工程。由组织领导者负责和推动数字化转型任务，并配备专门的数字化工作部门或项目组，实现数字化战略自上而下的全面贯彻。其次，要营造支持数字化转型的氛围。以数字工具和平台为抓手，利用数字技术应用推动组织内部的变革，形成鼓励协同的组织文化，重塑组织架构和组织文化，解决数字化转型"不会转""不能转""不敢转"的难题。最后，要发挥绩效考核的导向作用。将数字化转型要求纳入职能部门、行业和企业的考核中，在考核总目标的指导下将考核小目标分解到各个部门，以保障转型工作有力推进。

（二）整合多方资源，强化数字旅游人才的培养

数字化人才是推动旅游数字化进程的重要智力要素，对旅游产业高质量发展和转型升级具有重要作用。数字技术在旅游领域的应用、融合和发展，离不开旅游领域人才的数字素养和技能的提升。旅游领域对数字化人才要求较高，涉及产品研发、经营管理、营销策划等关键环节。目前，我国旅游数字化人才比较匮乏，尤其是缺乏既懂数字技术、又懂旅游业务、还懂管理的复合型人才。传统旅游管理人才缺乏数字素养使得新技术在旅游领域的应用和推广受到阻力。

提升传统旅游人才的数字素养和能力，加快新型旅游人才的培养是旅游数字化转型进程中的题中之义。一是加快旅游高等教育人才培养模式的转型。高等院校需要将数字化理念融入人才培养目标，以培养兼具专业知识、技能和数字化素养的复合型人才为目标；调整现有课程结构体系，增加培养学生数字素养、思维和技能的课程。二是整合多方资源，实现数字化人才的联动培养。建立政、校、

行、企四方联动的数字化人才培养平台，形成"产学研用"四位一体的合作机制，发挥旅游企业、旅游院校、培训机构等组织的作用，加强对旅游从业人员的数字化技能培训，形成一支既懂业务、又懂管理、还懂技术的新型数字化旅游人才队伍。三是发挥政府作用，实现数字化人才的流动。积极发挥各级政府的作用，通过人才引进等倾斜性政策，选派数字化人才为旅游业提供数字化运营方案，为旅游职能部门、旅游企业等提供数字技术指导，发展壮大旅游领域的数字化人才，推进旅游业数字化转型进程。

（三）坚持创新驱动，探索旅游新业态、新模式

旅游业数字化转型是提升我国旅游业竞争力的重要抓手。坚持创新驱动，加快旅游业数字化技术创新，以技术创新带动产品创新、流程创新以及模式创新，推动旅游业提质增效。

1.技术创新

技术创新是实现旅游业数字化转型的核心动力。当前，我国旅游业转型升级过程中面临的主要问题在于如何实现技术和旅游的融合，通过技术解决旅游业发展中的问题，以提升技术和旅游的黏度。

突破当前难题的当务之急，在于结合旅游业务的特点，打造适合旅游业所需要的技术平台，确定数字技术在旅游领域的应用场景。在产品研发、策划运营以及组织管理等环节广泛应用人工智能、物联网等新技术，加强旅游数字化技术创新，推进数字旅游产品研发，加快旅游数字营销体系建设，构建数字化、智慧化的现代旅游业经营管理体系。

2.产品创新

产品创新是市场需求和技术创新共同推动的作用。当前，我国旅游产品普遍存在同质化严重、创新不足、高端旅游产品匮乏等问题，这制约了我国旅游产品的高质量供给。因此，以数字化倒逼旅游产品创新成为必然选择。

开发数字化旅游体验产品，实现数字技术与旅游产品和服务的深度结合，丰

富人们的旅游体验，有利于推动旅游业实现高质量发展。一方面，数字技术使得传统的"吃、住、行、游、购、娱"旅游要素发生了变化。通过数字化平台，游客可以很便捷地获取关于旅游六要素的信息，并且通过平台可以及时处理游客的各种问题。另一方面，数字化带来了游客的沉浸式体验。数字技术在旅游场景的应用和落地，可以"活化"旅游场景，形成新的数字旅游体验项目。

3.流程创新

流程优化并实现业务流程的数字化是数字化转型的核心问题。所谓流程数字化是将数字技术融入旅游业务流程中，改变人们的旅游体验模式，改善人们的旅游体验并提高其旅游满意度，实现价值共创。

实现业务流程数字化，首先，要构建智能化的端到端流程，通过数字技术将端到端流程中的所有步骤实现"线上化"；其次，要实现业务流程触发的自动化，由数字化系统自动发起流程；再次，实现路径选择和任务派发的自动化，也就是待流程发起后由数字化系统自动判断"下一步做什么"和"由谁来做"，自动完成任务的派发；最后，实现任务执行的自动化，由数字化系统自动完成工作任务。

4.模式创新

数字化转型推动了旅游产业链的提质升级，影响了产业链上的价值创造、价值传递和价值支持等各个环节，催生了新模式。数字化拓宽了旅游边界，推进"旅游+"等产业融合发展，形成新的旅游业态。旅游新模式、新业态提升了旅游产品的供给质量，促进了旅游企业提质增效。

一是数字化实现了生产要素的迭代。依托数据要素，数字技术释放了传统要素生产力，提高了传统旅游业的生产效率。比如，数字技术实现了旅游服务方式由线下向线上转移，催生了云旅游、旅游直播等新业态。二是数字化提高了组织效率。数字化作为一场生产力革命，带给旅游业包括供给、营销、组织管理等全方位的变化。数字技术重塑了组织，降低了组织之间的交易成本，实现了组织小规模化，使得组织更加灵活和敏捷。

（四）借助资本杠杆，助力数字型旅游企业发展

资本是实现数字化转型的杠杆。有资本加持，旅游业数字化转型才能顺利推进。现代金融资本是数字创新的重要依托，通过直接融资旅游企业，多层次资本市场服务旅游企业发展的不同阶段。当前，我国旅游企业类型多、数量多，包括旅行社、酒店、景区以及在线旅行代理商等；旅游企业庞大的数量使得市场竞争激烈、利润低下等；同时，旅游企业缺乏投资，存在融资难的问题，企业实力有限。

以资本为杠杆手段，通过资本赋能旅游企业的数字化转型，是当前推进旅游业数字化进程的重要路径。一是加大金融对旅游企业的支持力度。通过政府出台倾斜性政策，加强金融机构支持旅游企业的力度，在税收、补贴等方面给予倾斜，及时为旅游企业解决资金困难问题，使得旅游企业能够顺利开展数字化转型落地的各个项目。二是利用多层次资本市场赋能旅游企业发展。以资本市场全面注册制改革为契机，优质旅游企业可以通过IPO、并购重组等方式，打通促进其发展壮大的通道；依托REITs等资产证券化产品，利用多层次资本市场赋能旅游企业发展。三是充分发挥旅游龙头企业的作用。依托龙头企业的地位，推动大企业、大集团率先实施数字化转型项目，支持和带动中小旅游企业的数字化转型；旅游集团利用资金、技术、人才等的优势，以孵化方式培育旅游数字型企业，推动旅游数字化项目落地。

（五）立足数字新基建，夯实旅游数字基础设施建设

数字新基建是推动旅游数字化顺利转型的重要基础保障。依托数字新基建推动旅游数字化转型，不仅顺应了数字经济发展的大趋势，而且是推进数字技术与旅游业深度融合的重要引擎。旅游数字基础设施建设，不仅涉及现有旅游基础设施的智慧化升级改造，还包括数字旅游公共服务水平的提升。5G、区块链、物联网、人工智能等新基建，将解决当前我国旅游业数字化基础薄弱等问题，推动旅游产业实现数字化发展。

首先，要集中力量实现关键核心技术的攻关。以数字新基建为依托，推动元宇宙、VR等技术在旅游项目中的应用与普及，以技术创新为旅游业数字化转型提供保障；同时，推动旅游大数据中心、智慧设施、物联网感应设备等软硬件数字化基础设施建设，完善和提升旅游数字化设施。其次，建设旅游数字化服务平台。打造数字旅游一站式服务平台，推动大数据与旅游、住宿、餐饮、交通等行业深度融合，形成旅游数字化运营体系，为政府、旅游企业、公众提供旅游云数据、数字旅游管理、数字旅游服务以及智慧化出行等，为旅游数字化转型提供坚实的基础。最后，建立互通共享数据平台。各地、各部门之间要统一部署，基于旅游大数据平台，实现数据互通共享，构建数字化、标准化的旅游监管模式，促进全域数字旅游协调发展。

案例导语

随着互联网技术、数字技术等的进步，旅游业开始了数字化转型之路。本章选取了两个案例，分别是全国首个民宿目的地官方旗舰店——莫干山旅游旗舰店、省级智慧文旅服务平台——"游浙里"，了解它们是如何在政府主导下实现数字化转型的。

案例6-1 莫干山旅游旗舰店——全国首个民宿目的地官方旗舰店

莫干山，地处沪宁杭的中心，是国家级重点风景名胜区。相传春秋末年干将、莫邪在此铸成雌雄宝剑。莫干山，不仅自然资源丰富，山峦连绵起伏，风景秀丽多姿，享有"江南第一山"的美誉；而且人文荟萃，历史名人、诗文石刻、名人别墅等人文景观与自然景观交相辉映，尤其是别墅群建筑景观，被誉为"世界建筑博物馆"。

莫干山，依托其地理区位和资源优势，以民宿发展作为乡村旅游发展的引擎，以乡村民宿反哺乡村，带动乡村旅游发展，实现乡村振兴。莫干山民宿群区域是指环莫干山核心风景区区域，包括燎原、南路等18个行政村。莫干山民宿业是伴随着莫干山风景区旅游的发展而兴起的。经过15年左右的发展，莫干山民宿业经历了从单一到多元、从点状到集群、从无序到有序的过程，逐渐成为全国民宿业发展的标杆。

莫干山民宿业的发展经历了三个阶段：莫干山民宿业1.0版本（2007—2012年），体现为农家乐形式，以单一的食宿功能为主；莫干山民宿业2.0版本（2012—2018年），呈现了"特色化""高端化""精品化"等特征；莫干山民宿业3.0版本（2018年至今），呈现了"民宿+"产业集群发展特征。

从空间格局来看，莫干山民宿业发展经历了点状、块状、面状三个阶段。点状阶段：以2003年莫干山后坞村社区的农家乐为莫干山民宿业发展的起点，之后形成了"后坞—仙潭—劳岭"三足鼎立的空间格局；块状阶段：自2014年开始，莫干山民宿发展呈现空间扩散，形成以后坞为代表的一级核心以及仙潭、劳岭、兰树坑为二级核心的民宿聚集区；面状阶段：自2017年开始，莫干山民宿形成了以"后坞—仙潭—燎原—劳岭—兰树坑"村域为集核的环莫干山面状核心集聚区，并在镇域周围形成了多处点状集聚的民宿区集核。

在此期间，《德清县民宿管理办法（试行）》《关于全面推进农洋家乐休闲旅游业提升发展的意见（征求意见稿）》《乡村民宿服务质量等级划分与评定》《乡村民宿服务质量规范》《民宿管家职业技能等级评定规范》等政策文件以及系列标准的出台，使得莫干山民宿发展更加规范化、标准化。

现阶段，莫干山"民宿+"产业集群始于民宿、不止于民宿，形成了以民宿生活方式体验为核心吸引物，集"吃、住、行、游、购、娱"于一体的全方位的休闲度假产业。莫干山走出了一条以民宿为代表的乡村休闲度假旅游的发展之路。

莫干山旅游旗舰店，于2020年9月9日在飞猪上线。它是德清县政府主导开设的，以"地方政府+地方文旅企业+互联网数字平台"为综合主体，以民宿集群为切入点的目的地旗舰店。"民宿+"套餐通过整合住宿和景区、餐饮、土特产等产品项目，带动了莫干山周边旅游相关的消费升温。

莫干山旅游旗舰店，发挥了旅游数字化平台的营销阵地作用，能够实现供给和需求双方的精准匹配。对消费者来说，旗舰店是一个"莫干山旅游总入口"，在这里消费者可以选择、购买自己中意的旅游产品；对目的地来说，旗舰店是一个数字化营销平台，商家可以根据消费者需求实现旅游产品的定制、推广等。

莫干山旅游旗舰店的运作逻辑是：在供给端，整合莫干山旅游目的地"吃、住、行、游、购、娱"等要素资源，减少无效供给；在渠道端，通过数字营销平台，加快供需双方的信息传递和反馈，提高市场交易规模和效率；在需求端，根据市场需求反馈，优化产品组合，实现莫干山文旅产品体系的更新。

莫干山旅游旗舰店的作用，主要体现在以下几方面。

建立健全乡村旅游产品体系

莫干山旅游旗舰店的目的在于：将莫干山的旅游产品以"住宿+景区+餐饮+其他旅游项目"的产品组合形式进行售卖，并配合一定的优惠活动，以满足多样化的市场需求。入驻旗舰店的商家需要以套餐形式上线产品，套餐产品中需包含除住宿以外的其他产品项目，比如"坐网红观光小火车上上渚山看大熊猫""围炉夜话"等产品。套餐产品不仅可以将消费者纳入更广阔的消费场景中，提升旅游体验，而且可以使得产品呈现"主题化"特征，形成IP效应。

搭建私域流量池

得益于平台的数字化能力，飞猪具有体量庞大的公域流量，通过直播、渠道推广等方式，可以将公域流量引入莫干山旅游旗舰店，将公域流量转化为私域流量，提升关注度和成交量。通过直播带货等方式，对消费客群进行数据分析，旗舰店能更有针对性地与达人、网红合作，将达人粉丝引入旗舰店，实现"拉新"。此外，旗舰店通过促销、上新等线上活动，与线下节事活动联动，有效激活存量分析，实现留存与复购。

形成规模优势

以往莫干山多为单体民宿，房源少，渠道议价能力低，单店营销运营成本高，也难以消化直播带货、达人推广等渠道带来的流量。莫干山旅游旗舰店的成立，突破了单体民宿发展的成长瓶颈，通过扩大可支配库存数量形成规模优势。一是产品数量大，能够有效控制一定范围的旅游市场；二是通过规模经营，增加商家议价能力；三是采用统一的莫干山旅游形象，可以树立更好的形象，其产品和服务更容易被消费者接受；四是利用规模优势进行统一运营和线上营销，可以使其标准化，形成可推广应用的经验。

案例 6-2 "游浙里"：数字赋能安心游

数字经济是浙江经济社会高质量发展的重要引擎。自2017年实施数字经济"一号工程"以来，浙江省数字经济发展势头强劲，2022年浙江省数字经济核心产业增加值占GDP比重达11.6%。"十三五"时期，浙江省在推动数字经济和其他产业深度融合方面取得了不少成绩。例如，数字赋能产业转型升级成效显著，新业态、新模式发展引领全国，数字治理走在前列，等等。《浙江省数字经济发展"十四五"规划》提出，到2035年，浙江省全面进入繁荣成熟的数字经济时代，综合发展水平稳居世界前列。数字赋能产业发展全面变革，形成以数字经济为核心的现代化经济体系。

围绕建设数字浙江的目标，浙江省全面推进文化和旅游数字化改革。《浙江省文化和旅游厅文化和旅游数字化改革方案》指出，到2025年，文化和旅游重要领域实现从"数字"到"数治"的新生态，基本实现景区、文化馆、旅游企业的数字化改造和应用，全面提升群众数字公共服务获得感，打造全国文化和旅游数字化高地。

长期以来，浙江省一直把数字技术作为文旅产业融合创新的重要动力，积极推进数字经济和文旅产业的融合发展。数字技术在旅游公共服务领域的应用蓬勃发展。浙江省推出了系列智慧文旅服务平台，如"游浙里""浙里文化圈""亚运PASS·文旅一码通"等。这些智慧文旅平台将旅游、文化、交通等信息进行跨部门数据整合，为消费者提供了更加便捷的旅游公共服务。

2023年2月，浙江省文化和旅游厅打造的智慧旅游公共服务应用程序"游浙里"正式上线。该应用程序是省级智慧文旅服务平台，它聚焦旅游全过程的需求，整合"吃、住、行、游、购、娱"等要素资源，为游客提供了一站式服务平台，也是"诗画浙江"品牌营销的重要阵地，更是政府文旅数字化改革的积极探索。

"游浙里"为游客提供了一站式服务平台

"游浙里"提供了游前规划、游中服务、游后反馈的一站式服务。"游前规划"提供了文旅日历、景区天气、气象预警、旅行社资质查询、星级饭店查询、等级民宿查询、度假区查询、风情小镇、果蔬采摘点以及产业融合基地等资讯信息；"游中服务"主要针对游客游览过程中的痛点问题，提供实时景区流量、导游导览以及公厕指引等服务；"游后反馈"将游客投诉反馈到相关文化和旅游管理部门，以便及时处理。值得一提的是，"游浙里"还提供"行程定制"服务，可根据旅游天数、旅游目的地和旅游偏好自动生成行程，为游客游前做旅游攻略节省了大量的时间和精力。

"游浙里"整合了景区、住宿、美食、交通、风物、场馆等资源，一站式满足了游客"吃、住、行、游、购、娱"的需求。"游浙里"提供了景区、住宿、交通等预订功能，博物馆、文化馆等场馆的预约功能，特产伴手礼的购买功能以及当地的美食信息服务。此外，"游浙里"通过组合酒店（民宿）产品和非酒店（民宿）产品提供套餐产品，不仅丰富了产品类型，而且提高了产品的性价比。

"游浙里"平台服务界面

"游浙里"是目的地品牌营销的重要阵地

"游浙里"是连接消费者和旅游目的地的桥梁。"游浙里"为游客提供了丰富的产品信息，成为目的地旅游推介的重要渠道。"热门推荐"汇集了热门的景区、城市、美食、人文等信息；"浙里优惠"提供了福利优惠，有免费、秒杀及各类优惠券；"深度玩法"汇集了小众化景区、线路等信息，为游客提供个性化旅游体验；"名家游学"引导游客跟着名人名家的足迹去旅行；"头号玩家"提供了旅游达人的私人攻略；"数字榜单"汇集了美食、住宿、游玩等热榜信息。

"游浙里"推动线上线下消费融合转化，实现"线上引流、线下消费"。"游浙里"以网红打卡产品——网红景区、网红美食等为载体，实现网红IP

品牌效应，将线上人气转化为线下客流；通过政策赋能，开展景区免费游、发放优惠券、特惠秒杀等活动，拉动游客的消费动力，激发消费动能，达到刺激消费的目的；优化场景体验，借助直播、移动互联网技术，实现"线上直播+线下旅游"的有机结合，通过新技术赋能线下流量，为游客带来数字化和文旅融合的全新场景体验。

"浙里游"产品信息界面

"游浙里"是政府数字化治理变革的探索

"游浙里"充分体现了服务型政府的职能。"游浙里"平台旨在为游客提供便捷、高效的旅游公共服务。此时，政府和公众的关系是服务供给者和消费者的关系，展示了快捷、高效的政府形象，充分体现了行政职能政府向服务型政府的转变。"游浙里"运用数字技术提高了文化和旅游管理部门的运行效率，提高了政府治理能力，为政府解决旅游难点、痛点问题提供了新的途径，使政府具备更好的服务能力。

"游浙里"体现了政府打破信息壁垒的决心。"游浙里"提供了文旅日历、景区天气、气象预警等多项跨部门公共服务，打破了跨部门的信息壁垒，实现了资源整合，推进了资源多跨整合、系统集成融合，实现了以游客需求为导向的全流程服务闭环。通过数字技术加强政府与企业合作、景区与非景区资源联通、旅游与非旅游功能互通，努力实现旅游公共服务融合联通、共建共享，构建政企共建共享、政社共创共赢的新型合作生态。

第七章

产业融合促进城市旅游高质量发展的实践探索
——基于"文体旅"深度融合

　　产业融合最先出现在信息产业，此后蔓延至金融业、物流业、传媒业、服务业等其他领域。（杨颖，2008）旅游业具有产业关联度高、带动作用强等特点，与其他产业具有天然的融合性。产业融合是旅游业发展过程中的重要趋势。近些年，旅游业发展呈现出"跨界"特点，如康养旅游、研学旅游、农业旅游等。这些新型业态的出现本质上是旅游业对其他产业的渗透和融合，并由此孕育了新产业。推动旅游业和其他产业的融合发展，是当前我国旅游业供给侧改革的重要内容，也是建立健全现代旅游业体系的重要途径，对于推动旅游业高质量发展和建设"旅游强国"具有重大意义。

一、"文体旅"融合的内涵解读

（一）旅游产业融合的文献回顾

　　产业融合现象早在20世纪60年代出现，最早出现在技术研究领域。（程锦等，2011）国内关于旅游产业融合内涵的研究最早可追溯至2008年。杨颖（2008）提出旅游产业融合是一个动态过程，是旅游产业与其他产业从分立走向融合的过程，最终使得产业之间的边界模糊，实现共生共赢。徐虹等（2008）从系统论角度提出，旅游产业融合是在开放的旅游产业系统中，构成产业系统的各要素的变革在扩散中引起不同产业要素之间相互竞争、协作与共同演进而形成一个新兴产业的过程。严伟（2014）从演化经济学视角出发，认为旅游产业融合是旅游业与相关产业发生跨界融合发展现象，最终形成融合型旅游新业态。它首先发生于企业层面，而后扩散到整个旅游产业。尽管目前关于旅游产业融合的内涵尚未形成统一界定。但总体可以归纳为，旅游产业融合是在外界系列条件变化的影响下，旅游产业与其他产业相互渗透、融合并最终形成新产业的动态过程。

基于产业融合在旅游业领域的现象，学界提出了"文旅融合""体旅融合""农旅融合""文体旅融合"等系列概念。鉴于文化、体育和旅游兼具公共消费产品属性，三者之间具有天然的融合性和关联性，"文体旅"融合是我国旅游业发展的重要趋势，也是赋能我国城市旅游高质量发展的新动能。尽管关于"文体旅"融合的概念并未达成一致的观点，但是各个政府和相关职能部门都将"文体旅"融合作为旅游业发展工作的重要抓手。现阶段理论研究多以地方区域为案例进行"文体旅"融合的现状、路径等研究。这些研究成果体现了以下特征：第一，针对"文体旅"融合的地方实践工作开展得有声有色，但是相关的理论研究缺乏高质量的成果，缺乏将实践经验上升到理论高度的研究成果；第二，针对"文体旅"融合的研究以省市地区等中观范畴为主，缺乏宏观和微观范畴的研究成果。

（二）"文体旅"融合发展的本质特征

要了解"文体旅"融合发展的本质特征，首先要厘清"文体旅"融合发展的形成逻辑，并结合当前新发展格局下的要求来加以认识和分析。

1."文体旅"融合发展的形成逻辑

"文体旅"融合发展的形成，一是源于三者的公共消费品属性，它们具有资产通用性的特点，比如特色小镇、体育活动场所、文化活动中心等均能满足旅游、文化和体育的需求。二是基于产业增长的需要，通过"文体旅"融合实现业态创新，丰富发展内涵，延伸产业链，推动文化产业、体育产业和旅游产业的增长。三是多元化的市场需求，文化、体育、旅游都是满足人民美好生活需要的重要载体，"文体旅"融合赋予了人们追求美好生活更多的乐趣和内涵。四是政府政策的助推作用，政府陆续出台系列鼓励产业融合发展的政策文件，如《体育产业发展"十三五"规划》明确指出要促进体育与文化、旅游、健康等融合发展。

通过上述"文体旅"融合发展的形成逻辑分析，其故事线可以总结为："文体旅"具有公共消费品属性，以实现产业增长为内驱力，以政府政策为助推力，以满足人们追求美好生活需求为目标，通过技术、市场等融合路径将"文体旅"三者产业价值链进行重构，最终形成具有多方产业特性的融合业态，以实现产业竞争力的提升。

2. "文体旅"融合发展的本质特征

"文体旅"融合是文化、体育和旅游等产业相互渗透、相互融合，并逐渐形成新产业的过程。它包括四个层面的融合关系：一是资源的融合，三个产业的资源具有共享性和兼容性，是三者融合的基础；二是产品的融合，在产品的属性、功能等方面实现融合统一，是三者融合的形式；三是市场的融合，"文体旅"的消费者具有一定的共性，目标群体具有一致性，是三者融合的动力；四是业态的融合，通过跨界配置资源和要素，延伸产业链，形成多业态新模式，是三者融合的结果。

"文体旅"产业融合的本质特征，一是"文体旅"融合的基础是产业关联。产业间的关联性是产业融合的前提条件，如果产业间不存在密切的经济联系，产业之间的融合是不可能发生的。（杨强，2013）旅游业是一个关联度高、综合性强的产业，产业融合现象突出，不仅能带动服务业相关行业的发展，而且能带动非服务业的发展。一方面，旅游业为文化产业、体育产业发展提供展示、交流的机会，旅游活动带来的人流量为文化和体育产业提升了知名度；另一方面，体育产业、文化产业是旅游产业活动的重要内容，以文化活动、体育赛事为主要内容的活动方兴未艾，成为地方发展旅游业的重要载体，推动旅游业发展。二是"文体旅"融合的本质是产业创新。产业融合模糊和淡化了产业边界，延长了产业价值链，形成新的产品和业态，从而加快了产业创新的步伐。体育和旅游的融合形成体育旅游，文化和旅游的结合出现了文化旅游。例如，国家体育旅游示范基地、国家体育旅游示范区等均是体育和旅游融合的载体。"文体旅"融合主要有两种形式：一种是旅游向其他产业的渗透融合，形成新的产业。例如，旅游向文化、体育产业的渗透融合，产生了文化旅游、体育旅游等新型业态。另一种是通过产业之间的互补和延伸，实现产业融合。例如，旅游业向文化和体育业的延伸和渗透，延伸了文化和体育的产业链，使得文化和体育产业向前和向后发展，提高了附加价值。

"文体旅"融合的逻辑、范畴和特征如图7-1所示。

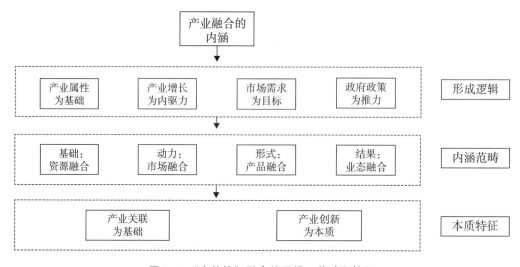

图7-1 "文体旅"融合的逻辑、范畴和特征

二、面向城市旅游高质量发展的"文体旅"融合现状审视

高质量发展是现阶段我国经济发展的主基调。旅游业作为我国国民经济战略性支柱产业，它的高质量发展是我国经济高质量发展的重要维度。城市是旅游业发展的重要载体，城市旅游的高质量发展关乎旅游业的高质量发展。城市旅游高质量发展对"文体旅"融合的指向是通过有效、优质的供给体系引领和创造新需求，提升供给体系对需求的适配性，进而健全城市现代文旅产业体系。

（一）当前"文体旅"融合发展的成效与问题

1."文体旅"融合发展的成效

近些年，"文体旅"融合发展取得了显著成效。这得益于政府关于体育产业和文旅产业发展的相关政策安排。自从国家和省级层面组建文化和旅游部门以及地方组建文化旅游广电体育部门，"文旅融合""文体旅融合"等已经成为政府对相关行业改革的制度性安排，产业融合成为实现旅游业高质量发展的重要路径。现阶段"文体旅"融合的成效主要体现在以下几个方面。

第一，各级政府充分认识到产业融合的重要性，陆续出台了关于产业融合的政策文件，或者在各类政策文件中重点突出产业融合的内容。这表明，政府对关于产业融合的政策支持力度在不断加强。

第二，深化"文体旅"融合，开发"文旅＋体育""体育＋文旅"等多元融合产品，打造一批融合型产品和项目，实现从要素融合到行业融合、从浅融合到深融合，从纵向层面全面提升产业融合发展层次。

第三，各级政府积极拓展了体育产业和文旅产业融合的范畴，从要素融合、产品融合到产业融合，从助力乡村振兴到提升国际影响力乃至实现民间体育文化的传承，从横向层面推进了产业的深度融合。

2."文体旅"融合发展的问题

尽管"文体旅"融合取得了不少成效，但是现阶段还存在阻碍产业深度融合的现实障碍，这些障碍主要体现在以下几个方面。

第一，满足市场需求的融合型产品力有待提高。现阶段各地"文体旅"产品存在同质化、整体质量不高等情况，真正满足消费者多元化需求的"文体旅"高端产品供给不足。各地以项目带动，引进建设一批"文旅＋体育"大型项目和新兴业态，这些项目普遍存在投入大、辨识度低、吸引力弱、创新不足等问题，无法形成"创意—人流—消费—产业"的发展逻辑。因此，坚持以创新作为"文体旅"可持续发展的抓手，强化互联网思维，将科技创新作为推进"文体旅"高质量发展的新动能，借力科技和互联网等将体育产业、文旅产业进行深度融合，实现业态创新、内容创新，进而提升产品力。

第二，跨区域、跨行业的协作力尚需持续提升。跨区域、跨行业、跨部门的通力合作有助于推进产业深度融合。目前，区域间、行业间和部门间缺乏完善的协调制度，各自为政、各行其是仍然是阻碍产业深度融合的主要障碍。尽管国家、地区出台了不少关于产业融合的政策文件，而实践中对产业融合在旅游业发展中的作用和地位的认识略显不足。跨部门、跨行业交流较少，"体育部门管体育赛事、文旅部门管非遗文化"等情况也是普遍存在的，文化、体育、旅游主动融合的自觉性较低。地区、行业和部门之间应坚持"共商共建共享"原则，统筹推进"文体旅"融合型项目建设，促进产业融合向高质量发展。

第三，推进"文体旅"深度融合的保障力需加强。现阶段"文体旅"深度融合发展的保障力仍显不足。首先，"文体旅"融合发展的配套设施不完善。健全完善的基础设施是"文体旅"融合发展的基础。现阶段"文体旅"服务体系建设不够完善，公共文体场馆、全民健身设施等比较缺乏，城市的"文体旅"服务功能有待提升。其次，"文体旅"融合发展所需的专业人才匮乏。旅游行业经过多年发展，已经培养了一批高质量的旅游专业人才，但是缺乏产业融合所需的跨界复合型人才。此外，产业融合发展所需的金融、土地等政策也亟须改善，这些都是需要破解的难题。

（二）城市旅游高质量发展引领下的"文体旅"融合

产业融合要以推进城市旅游高质量发展为主要目标，要精准把握文化、体育和旅游三者融合发展的切入点和发力点，坚持"宜融则融、能融尽融"原则，以旅游彰显文体特色，以特色文体促进旅游发展，以融合创新城市经济发展方式。以城市旅游高质量发展理念指导"文体旅"融合发展的目标、内容和路径，具体表现在以下几个方面。

第一，对"文体旅"深度融合目标的理解。"文体旅"融合要置于新发展格局的大框架中，坚持人民性导向，以满足人民日益增长的美好生活需要为根本目的，以供给侧结构性改革为主线，提高"文体旅"融合型产品的质量，以满足人们多样化、高品质的消费需求。

第二，对"文体旅"深度融合性质的理解。"文体旅"融合首先要找准三者融合的最佳连接点，要破除传统思想的藩篱。产业融合不是"为融而融"，更不是"假融合"，而是要在遵循产业发展规律的基础上，尊重产业之间的独立性和差异性，实现"自然融合"，只有如此，才能实现溢出价值最大化。

第三，对"文体旅"深度融合路径的理解。"文体旅"融合不是生拉硬扯，也不是牵强附会，而是一个水到渠成的过程，是从"浅融合"到"深融合"的过程。"文体旅"融合要从创意中寻找连接点，使产业具有持久吸引力；从科技中寻找连接点，使科技成为"文体旅"深度融合的催化剂。

三、"文体旅"融合推动城市旅游高质量发展的逻辑解析

体育产业、文化产业的发展推动了城市基础设施的完善，它们既是发展城市旅游的重要设施资源，也是城市经济发展的重要产业。文化、体育和旅游是发展城市经济的重要基础，体育牵引、文化赋能、旅游带动，推进文化、旅游和体育的协同发展，延伸产业链，创造新价值，催生新业态，三者相辅相成、互促互进。

（一）"文体旅"融合创造新供给，推动城市旅游高质量发展

供给侧结构性改革是高质量发展的重要主线和抓手，供给侧结构性改革与高质量发展一脉相承。旅游业只有以供给侧结构性改革为主线，才能培育出新产品、新技术、新业态，提高旅游业全要素生产率，实现高质量发展。而产业融合则是实现旅游业供给侧结构性改革的重要抓手和举措。

1."文体旅"融合创造了新产品

产业融合形成的新产品或者新服务，一定程度上可以替代或者补充原有产品或服务，使得整体市场规模得以拓展。体育和文旅产业的产品融合，包括有形

产品和无形产品两个方面。有形产品中，体育用品和文旅纪念品、体育场馆设施与旅游活动能够互融；无形产品中，以体育文化为内容、旅游活动为载体，实现体育产品与文旅产品的融合。从有形和无形两个维度，将文旅和体育产业紧密结合，从而创造出复合功能的融合产品形态。

2. "文体旅"融合培育了新业态

通过推动文旅产业与体育产业的深度融合，丰富了文旅产业业态，加快了文旅产业延链补链。秉持"文旅+体育"深度融合的理念，促进"文化产业、旅游产业"与"体育赛事、运动休闲"互融互通、协调发展，促进体育产业与文旅产业向复合融合化发展，形成以文铸魂、以体促旅、以旅彰文。推进城市健身中心、城市体育公园以及城市体育场馆等项目建设，发展运动休闲、康养度假等"体旅"融合业态，扩大城市各类体育赛事或活动的影响力，创建各类体育旅游精品项目。

（二）"文体旅"融合释放新需求，推动城市旅游高质量发展

高质量发展是以有效供给和优质供给满足人们对日益增长的美好生活的需要，从而给人们带来获得感和幸福感。"美好生活"不仅是指生活的质量，也是指生活状态和生活方式。产业融合能够发挥出"一业兴、百业旺"的乘数效应，是产业增长和经济发展的新动力，以高质量供给引领和创造新需求，释放市场潜力，重塑需求端。

1. "文体旅"融合满足多元化的市场需求

随着消费者的成熟和生活水平的提高，人们已不再满足于单一化的产品或服务，而倾向于复合型产品和综合性服务，消费需求日益多元化和细分化。比如，体育赛事的观看者希望不仅能观看体育赛事，而且能购买相关的体育用品、纪念品，甚至还能体验当地的城市文化和旅游景点等。因此，直接生产和提供单项产品或服务的本体产业难以满足市场需求，"一站式"满足消费者的多样化需求将由产业融合所带来的新产品和新业态来提供。"文体旅"融合使得文旅和体育资

源的外延不断拓展，通过开发融合型产品，产品类型也更加丰富，从而满足多元化的市场需求。

2."文体旅"融合培育新兴旅游消费市场

"文体旅"融合培育新兴消费市场具体表现在：体育产业与文旅产业的结合，有助于丰富体育产业和文旅产业的新业态，激发"文体旅"新消费，培育消费新的增长点。一方面，"文体旅"融合不断培育出体育研学、体育赛事活动、健身休闲、户外运动等市场，多层次扩大了产品和服务的供给；另一方面，"文体旅"融合的发展思路，推动了体育旅游示范基地、体育旅游特色小镇等综合体项目的建设，培育了消费者"一站式"多功能需求，成为全域旅游发展的助推器，拓展了服务行业的消费空间。

四、"文体旅"融合推进城市旅游高质量发展的路径选择

结合"文体旅"融合推进城市旅游高质量发展的逻辑，"文体旅"融合从新供给和新需求两方面推动了城市旅游产业的结构优化和价值创造，从而实现城市旅游的高质量发展。

（一）宏观层面：创新机制与政策支撑

1.健全组织机制，完善利益协调机制

优化的组织机制是顺利推进产业融合发展工作的基础。现阶段市、县两级的文旅部门已经完成全面整合，组建了文化、旅游、广电、体育等职能部门，发挥统一战线职能，产业融合机制不断完善。尽管如此，产业融合发展牵涉多行业、多部门，难以避免地存在管理职能分散、利益部门化等问题。因此，优化组织结构、建立跨部门协调机制、完善利益协调机制等成为创新体制机制的重要任务。

首先，优化组织机构设置。尽管我国已经将文化和旅游部门进行合并，但是产业融合往往涉及更多的职能部门，如体育、农业等相关机构，因此可以尝试设

置产业融合的专门领导小组，建立联席会议制度，负责制订产业融合发展规划、规划和推进重大产业融合项目、协调产业融合发展中出现的重难点问题等工作。其次，完善利益协调机制。产业融合涉及多个利益相关者，利益协调机制主要解决参与产业融合主体之间的利益冲突。除政府外，还要充分发挥经营主体在产业融合中的作用，关注经营主体之间的利益连结、利益分配以及利益调节等问题，以形成利益共同体。

2.强化政策保障，加快产业融合政策落地

自2013年《中华人民共和国旅游法》明确提出要"促进旅游与工业、农业、商业、文化、卫生、体育、科教等领域的融合"以来，国家陆续出台了一系列关于产业融合的政策文件。各省（市、区）也加紧出台了相关政策文件，并积极探索产业融合的实践。这些都表明了产业融合发展的政策支持力度在不断加强。但是，现阶段产业融合的政策是以条款形式出现在政策文本中，支持产业融合发展的土地、税收、金融等政策尚显薄弱，政策的落地性有待加强。

首先，制定和出台支持产业融合的实施细则。落实国家支持产业融合发展的税费优惠政策，减轻经营主体的税费负担；推出服务产业融合的金融产品，解决经营主体融资难的问题；加强产业融合项目用地保障，探索用地新模式。其次，加快产业融合发展标准化建设。成立产业融合标准化工作领导小组，制定标准化建设方案，利用标准化方法和工具构建产业融合的标准体系，加强标准的宣贯和实施，建立标准化工作的长效机制。最后，设置激励约束机制。通过激励和约束两种手段把产业融合工作纳入政府考核工作中，保障产业融合政策的落地以及项目的落地。

（二）中观层面：产学协同与科技赋能

1.多渠道培养人才，优化产业融合的人才结构

伴随旅游业多年的高速发展，我国旅游业人才数量也得到了一定规模的增长，人才质量也有所提升。尽管如此，行业人才吸引力弱、行业留用率低等依然

是旅游业发展面临的主要问题。此外，随着我国旅游业进一步发展所呈现出的新特征，如产业融合、数字化趋势等，现有的人才结构已无法满足行业发展的新需求，人才供给与市场需求之间存在供需错位等现象。因此，旅游业要实现高质量发展，人才质量和结构都要进一步提升，从单一旅游业人才向跨界复合型人才转变。

首先，聚焦行业需求，加强产学合作。人才培养要与行业发展相契合，建立产业与院校的合作沟通机制，构建行、企、校联动培养人才的机制，院校的人才培养要以适应行业发展需求为目标，尤其是体现产业新需求、新要求。其次，拓宽人才引进渠道，引进高层次人才。拓宽行业所需的高层次人才引进渠道，推出紧缺型高层次人才引进的政策，实施高层次人才奖励政策，做好旅游产业融合所需的紧缺专项人才引进工作。最后，加强人才选拔培养工作，完善人才培养机制。定期选拔一批业务骨干参加相关培训和进修，加强后备人才的选拔培养；健全人才考核制度，在项目申报、职称评定等方面给予倾斜性政策。

2.坚持科技赋能，推进科技创新平台建设

科技创新对深化产业融合、化解产业融合发展中的难题具有重要作用。科技创新与产业要素的有效结合，有助于形成推进产业融合和科技创新的整体合力。产业融合和科技创新的协同，是推动旅游业高质量发展的重要路径。近年来，国家和地方政府在鼓励产业融合和科技创新的协同方面提供了不少政策支持，并且不少地方在产业融合和科技创新方面取得了显著成效。旅游部门、旅游企业在转型发展过程中探索出科技赋能产业融合发展的新路径，从而加快了科技赋能产业新业态、商业新模式的进程。下一阶段，要继续以科技赋能推进产业融合的进程，以科技创新作为旅游业高质量发展的新引擎。

首先，打造服务产业融合的科创平台。围绕传统产业，建设一批服务产业融合的科创平台，利用技术服务有效对接产业链与技术链，促进产业融合向智能化和数字化转型，实现产业融合在路径和成效上的不断突破。其次，强化产业、企业的自主创新能力。与相关科研机构、高等院校展开合作，建立企业的科技自主

创新平台，开展核心技术、前沿技术等的研发，提高相关企业的自主创新能力。最后，培育相关产业科技企业主体。以大型企业集团、规上企业为抓手，打造产业融合新业态项目的孵化平台，搭建其资源整合、信息共享的"桥梁"，发挥聚合效应。

（三）微观层面：构建载体与产品创新

1.创新产业融合模式，构建产业融合示范载体

伴随我国旅游业从高速发展阶段向高质量发展阶段迈进，产业融合成为完善现代旅游业体系的重要支撑。通过产业融合为旅游业供给侧结构性改革提供新动能，为旅游业发展注入新活力。融合发展、产业先行，产业融合、载体为基。载体培育对产业深度融合具有重大意义。2023年文化和旅游部、自然资源部、住房和城乡建设部等三部委共同发布的《关于开展国家文化产业和旅游产业融合发展示范区建设工作的通知》中，明确提出了开展国家文化产业和旅游产业融合发展示范区建设工作，这是国家首次提出产业融合载体培育工作。

首先，创新产业融合发展模式。各地区情况千差万别，建设产业融合示范区需要立足当地的资源禀赋、产业基础和社会经济条件等，探索特色化、差异化的产业融合发展模式，引领同类地区产业深度融合。其次，实现产业要素的支撑保障。产业融合示范区的建设和培育离不开土地、资本、人才等要素的投入，政府要引导产业生产要素向融合发展示范区合理聚集，实现要素互补，提高要素质量和配置效率。最后，健全协同发展机制。产业融合示范区的建设需要各级地方政府和管理部门的协调配合，建立地方、部门、企业等统筹配合的工作协调机制和协同发展机制，对于推动产业融合与城市建设、乡村振兴等深度融合具有重大作用。

2.坚持创新驱动，提升融合型产品的竞争力

创新是引领发展的第一动力，也是推进产业深度融合的动力。创新驱动以实现和重塑产业链价值为根本，依靠创意和科技手段推进产业融合是实现创新战略

的必然要求。当前，不少地区探索出了"旅游+"或者"+旅游"产业融合新业态。例如，宁夏针对贺兰山东麓葡萄酒文化，推动"葡萄酒+文旅"产业融合；新疆培育"交通+旅游"新模式，推进乡村道路和乡村旅游的融合发展。产业融合形成的新产品、新业态是吸引消费者的关键因素，以创意或者科技提升产品的竞争力是产业融合发展中亟待破解的难题。

首先，产业融合业态转型升级。在保留原有优质产品和业态的基础上，利用新技术手段将数字化、智能化融入产业中，实现数字技术和业态的跨界融合，提升消费者的体验感，实现业态的转型升级。其次，培育产业融合新业态。立足当地特色，围绕产业优势和资源禀赋，深入挖掘其他产业与旅游业的结合点，研发落地一批产业融合的新项目及产品，为消费者提供多样化、特色化的产业融合产品，丰富产业业态。最后，产品进行优化迭代。产品常新才能保障产品的核心竞争力。根据市场新需求以及新消费群体的新特征，研发扎根本地文化特色的产品，保留吸引消费者的优质产品，淘汰不符合市场需求的产品，实现产品的优化迭代。

案例导语

产业融合是经济增长和现代产业发展的重要趋势。作为现代服务业的重要组成部分，旅游业与其他产业的深度融合是顺应产业转型升级、实现高质量发展的重要途径。案例7-1展示了冬奥会将体育赛事融入百姓生活和产业发展的做法，为亚运会等其他大型体育赛事的运营管理树立了典范。案例7-2展示了县域地区以赛事为契机，结合资源优势，推动"文体旅"深度融合的做法。

案例 7-1 借体育赛事，推动"文体旅"深度融合

奥运会是世界规模最大的综合性运动会，且是世界上影响力最大的体育盛会之一。截至2023年，已有23个国家、41个城市举办过夏奥会与冬奥会。

2022年2月，第24届冬奥会在北京举办，比赛场馆分别在北京赛区、延庆赛区和张家口赛区。北京冬奥会不仅是一场体育盛会，而且带来了丰厚的冬奥遗产。如何充分利用冬奥遗产，持续释放冬奥红利，是"后奥运"时期的重要课题。显然，北京冬奥会做到了。自北京冬奥会闭幕以来，冬奥会场馆得到充分利用，冰雪运动得以普及推广，冰雪产业稳步发展，冬奥遗产融入了百姓生活，融入了产业发展，融入了地方发展。

北京冬奥会是如何做到冬奥遗产的可持续利用和发展呢？

政府做好顶层设计

政府出台了一揽子政策，做好顶层设计，并通过一系列举措将项目实施落地，推动"文体旅"融合发展。

2021年2月，文化和旅游部、国家发展和改革委员会与国家体育总局共同研究制订《冰雪旅游发展行动计划（2021—2023年）》（简称《行动计划》）。该《行动计划》指出，要发挥冰雪赛事的带动作用，打造冰雪赛事旅游目的地；推动冰雪旅游与文化、科技等相关行业的融合，丰富冰雪旅游文化元素。

2022年1月，文化和旅游部、国家发展和改革委员会、国家体育总局关于印发了《京张体育文化旅游带建设规划》（简称《建设规划》）。该《建设规划》明确提出，要把京张体育文化旅游带建设成体育、文化、旅游融合发展样板。2022年5月，三部委又印发了《2022年京张体育文化旅游带建设工作要点》，明确年度工作任务。2022年8月，京张体育文化旅游带建设协调推进工作机制建立，对规划实施进展及相关情况进行跟踪和评估，协调解决跨区域项目建设、重大活动举办等重大问题，确保项目实施落地。

北京、河北两地积极推动区域内项目落地，分别印发了《2022年京张体育文化旅游带建设工作要点任务分工》《京张体育文化旅游带（张家口）建设规划》。北京市延庆区发布三年行动计划；张家口市文化和旅游局制定工作方案，明确17项任务。2022年，张家口共实施京张体育文化旅游带重点项目139个，完成投资180.44亿元。

冬奥场馆实现功能转化

冬奥场馆是冬奥遗产的重要组成部分。北京冬奥会共有12座竞赛场馆，其中4座是2008年北京夏奥会的场馆，7座是专门为冬奥会修建的专业场馆。新建场馆耗资巨大，如何有效提升场馆的利用率，盘活资产，实现场馆的可持续利用，是规划建设场馆面临的关键问题，一直受到国内外的广泛关注。

《北京2022年冬奥会和冬残奥会赛后可持续发展报告》显示，从2022年5月开始，北京冬奥会场馆向公众全面开放，场馆设立户外拓展训练中心，发展区域特色旅游、休闲度假等产业，实现四季运营，打破了场馆季节性运营的瓶颈，场馆赛后利用率达到100%。

北京冬奥会场馆功能转化有几大亮点做法。

功能多样化

冬奥会场馆由单一体育功能向体育、文化、旅游、休闲、娱乐等多功能拓展。例如，国家跳台滑雪中心在冬季保留原有滑雪功能，提供赛事与专业训练服务；在赛后打造成集高端会议、休闲体验于一体的商务旅游特色区域。借助冬奥会的影响力，国家跳台滑雪中心将打造成"亚洲冰雪旅游山地度假目的地"。

变身"网红打卡地"

冬奥会场馆在造型上具有设计感、艺术感。例如，首钢滑雪大跳台中心的跳台造型设计来自敦煌"飞天"飘带形象；国家雪车雪橇中心由赛道形状和遮阳设计带来的独特建筑形态，宛如一条游龙飞腾于山脊之上，故称"雪游龙"。从赛前到赛后，场馆成功实现了从"赛区"到"景区"的转换。在冬奥会的加持下，通过灯光秀、VR体验、节庆活动等将冬奥会场馆打造成了"网红打卡地"。

拓展四季经营

冬奥会场馆的后续利用打破了冰雪资源季节性的瓶颈，实现了四季经营。张家口赛区"三场一村"凭借其资源和地形特征，夏季开展滑草、马术、山地地形车等项目，冬季则保留滑雪、冰雪体验项目，力争打造成世界级旅游目的地。部分场馆通过"水冰转换"实现夏季、冬季运动比赛场地转换的"两栖"功能。

开发多业态融合的新产品

开发"体育+"产品

推动体育、文化、旅游等多业态融合，打造"体育+旅游""体育+文化""体育+旅游+文化"等"体育+"产品。开发冰雪主题的产品，推出冰雪嘉年华项目、冰雪户外运动、冰雪娱乐活动、冰雪科普游等，满足不同人群的需求。探索冰雪旅游与其他产业融合，开展冰雪研学旅游、冰雪冬令营等，促进冰雪文化等非遗文化的利用和推广。

建成一批旅游度假区

建设一批冰雪项目，如张家口太子城冰雪小镇等；建成赤诚海坨小镇旅游度假区等重点项目；部分项目获得"国字号"招牌，如北京延庆海陀滑雪旅游度假地、河北崇礼滑雪旅游度假地被评定为国家级滑雪旅游度假地，延庆北京世园公园、张家口富龙四季小镇被认定为国家体育旅游示范基地。

形成精品旅游线路

依托京张体育文化旅游带，整合沿线区域的资源要素，培育和打造不同特色的系列精品旅游线路。例如，"冰雪京张·冬奥之城"精品线路，整合了北京城区、延庆区、张家口三地的国家速滑馆、首钢滑雪大跳台、石京龙滑雪场、八达岭滑雪场、云顶滑雪场、国家跳台滑雪中心、崇礼冰雪旅游度假区等冰雪旅游点。"长城冬奥冰雪运动之旅"串联了冬奥场馆和京张两地的长城景区，实现了"长城脚下看冬奥，冬奥赛场看长城"，完美融合了长城文化和冬奥文化。

打造全民健身产品

优化产品服务供给，提升奥运场馆服务功能，拓展群众健身、文化休闲等功能，补齐全民健身设施短板，实现场馆利用率最大化；推动冰雪运动走进"寻常百姓家"，开展冰雪运动会、欢乐冰雪季等群众性冰雪赛事活动，推动全民健身系列活动，释放群众冰雪运动潜力；推进"冰雪运动进校园"，让中小学生直接参与冰雪运动，冰雪运动与研学旅行相结合，创建冬令营、冰雪运动俱乐部等，普及青少年冰雪运动项目。

案例 7-2 象山探索"文体旅"融合模式

象山，位于浙江省宁波市，东海之滨，三面环海。象山的地理环境、资源特色是其旅游业发展的基础优势。象山县旅游业一直呈现健康良好的发展态势，成为浙江省首批全域旅游示范县。2020年入选中国县域旅游综合竞争力百强县（位列第四）、浙江省首批文旅产业融合试验区，旅游业作为服务业龙头产业的地位基本确立。

近年来，象山县以打造宁波微度假首选地、长三角海洋休闲旅游度假目的地为发展目标，以亚运会赛事为契机，以全域旅游和高质量发展理念为引领，积极推进"文体旅"全面融合，助力海洋经济示范区建设。

发展品牌赛事，强化基础设施的旅游功能

以杭州亚运会为契机，以"体育+"持续放大亚运效应，象山县近几年举办了登山、马拉松、帆船、沙滩排球等重大体育活动和赛事，并形成了浙江省航海模型公开赛、浙江大湾区自行车公开赛、全国健身名山登山赛等品牌赛事。"十四五"期间，加强国际顶级赛事的引进落户，成为国际帆船比赛、半岛马拉松赛等的重要赛场。作为亚运会帆船帆板和沙滩排球两个比赛项目的承办者，象山县建成了亚帆中心和沙排中心等体育场馆，成为公众打卡的地标性建筑。这些体育场馆是按照顶级体育场馆的标准和要求进行建设的，确保能够承办各级各类体育赛事；而且在建设过程中注重其旅游功能的开发，在赛后将转型为融运动、休闲、健身和旅游为一体的综合性体育基地。此外，象山县实施全民健身工程，新建各类运动场地和公共体育场地，推进农村体育创强工作，新建体育休闲公园、百姓健身房等，不断丰富体育场馆和体育活动。

开发新业态产品，创新旅游产品体系

赛事推动体旅融合。依托亚运赛事，做好"亚运搭台、产业唱戏"，通过举办各类体育活动和赛事，带动住宿、餐饮、观光等旅游业发展；打造松兰山旅游度假区、半边山旅游度假区，拓展休闲游艇、帆板帆船、滨海马拉松等休闲运动项目，提升度假功能，开发海上旅游产品；"东旦时尚运动海滩帆船""阿拉的海滑板冲浪"等入选浙江省运动休闲旅游优秀项目；"十四五"期间，将谋划发展游艇、海钓等为重点的海上休闲运动产业，推广低空飞行、潜水等高端休闲运动，拓展山地户外体验项目。

以"旅游+"开发多业态产品。利用滨海地域优势以及生态、海洋等资源优势，开发和打造滨海度假、康体养生等旅游产品，推出海洋康养、森林康养、乡村康养等新业态产品，形成康养旅游系列产品；"十四五"期间，将继续推进阿那亚·象山海岸度假区、北黄金海岸数字康养中心建设，其中北黄金海岸数字康养中心将被打造成标杆性的数字康养综合体。依托象山渔文化，强化非遗文化利用，将渔文化融入文创产品开发、亲子旅游、研学旅游、节庆活动等，开发渔文化展示、渔文化研学体验、渔文化演艺等产品，形成象山特色的"渔文化"旅游产品。依托象山影视城，加快推进影视基地三期项目、影视文创历史文化街区改造提升项目，激活影视基地的旅游属性，开发沉浸式旅游体验产品。

加强顶层设计，发挥产业集群效应

为了推动产业深度融合，2020年象山县制定和出台了《象山县创建省文化和旅游产业融合试验区实施方案》，并入选浙江省首批文旅产业融合试验区培育名单。此外，象山县研究出台"文体旅"深度融合高质量发展三年行动计划，成为推动"文体旅"融合发展的引导性政策。从顶层出台土地、资金、政策、生态等要素保障、人才保障以及组织保障等制度，推进"文体旅"全面融合各项工作的落实，推动产业深度融合。按照"文化+体育+旅游"的产业融合路径，构建以影视文化、渔文化、体育休闲等为基础产业的

集聚区，发挥产业集聚优势，以体育赛事和区域文化作为展示交流平台，推出具有象山特色的"文体旅"融合产品。推动旅游和体育、康养、渔业、影视文化等要素融合，利用5G、AR/VR、元宇宙等现代新技术实现旅游产业链拓展和延伸，构建"文体旅"产业链。

第八章

旅游公共服务赋能旅游业高质量发展

自改革开放以来，我国旅游业从外交事业的延伸和补充，到成为国民经济战略性支柱产业，现在已经全面融入国家战略体系中。"十四五"旅游业发展规划明确提出，2035年要达成"基本建成世界旅游强国"的目标。随着我国全面进入大众旅游时代，旅游业发展面临新环境和新要求，旅游业要充分发挥作为幸福产业的积极作用，坚持旅游为民，不断满足人民对美好生活的需求。旅游公共服务体系作为旅游业发展的重要支撑条件，其健全性、成熟度直接影响目的地的旅游接待能力和游客的旅游体验，进而影响旅游业的可持续发展。因此，新形势下，我国要努力建成与旅游强国发展目标相适配的旅游公共服务体系，以赋能旅游业高质量发展。

一、旅游公共服务的基本内涵

（一）公共服务理论

"公共服务"理论研究起源于19世纪90年代的英、德、法等国家。国外研究内容呈现了阶段性特征：从最初的社会福祉保障探讨，发展到政府对公共服务的责任，进而到公共服务的具体细化研究，如公共服务绩效评价等。国内关于公共服务理论研究的热点也不断变化，早期主要集中于公共服务、基本公共服务、均等化等基本范畴的界定，逐步发展到非均等化原因的分析，再进一步细化为均等化标准的界定、对均等化水平的评价以及对促进均等化对策的分析。（尹栾玉，2016）

根据尹栾玉（2016）的观点，公共服务范畴主要包括两大类：一是基于"物品性质"界定的公共服务，它被界定为"政府为满足社会公共需要而提供产品和服务的总称"；二是基于"行为方式"界定的公共服务，它是"政府运用其权威资源，根据特定的公共价值通过公共政策回应社会需求，使最大多数人得到最大福利"。

（二）旅游公共服务的内涵

旅游公共服务隶属于公共服务的范畴，是公共服务在旅游领域的体现。"旅游公共服务"在我国被作为一个明确而独立的问题提出，始于2006年党的十六大提倡建设"服务型政府"。（徐菊凤，2012）长期以来，旅游公共服务建设得不到业内外的重视，甚至认为没有必要建立健全旅游公共服务。国外学者将旅游公共服务研究聚焦于"旅游安全服务"或者"旅游信息服务"等具体问题，而我国将"旅游公共服务"作为独立的研究主题也不过十多年历史。

李爽等（2010）认为"旅游公共服务"与"旅游公共服务体系"是既有联系又有区别的两个概念，"旅游公共服务"解决"是什么"的问题，它是政府或者其他社会组织提供的、不以营利为目的、具有明显公共性的、以满足旅游者共同需要为核心的公共产品和服务的总称。而"旅游公共服务体系"则研究"怎么做"的问题，它是在一定的旅游公共服务供给模式与政策规范下，依据一定的旅游公共服务的供给方式而形成的旅游公共服务系统。徐菊凤（2012）提出"旅游公共服务是由政府提供或者主导提供的，现实或潜在旅游者与旅游业经营者、从业人员不论其国别、消费水平和地位、旅游形式如何都可以普遍享有的，市场或单个企业无力或不愿提供的服务和公共产品"。夏杰长（2019）认为"旨在满足游客的旅游公共服务需求，向国内外游客提供的具有基础性、公益性、平台性等特征的公共产品与公共服务，都属于旅游公共服务"。综合学者对旅游公共服务的界定，旅游公共服务的特征可概括为以下几点。

1.消费的非排他性或非竞争性

旅游公共服务属于公共产品的范畴。公共产品可供社会成员共同享有，某个人对公共产品的消费并不会排除其他人对该产品的消费或者影响对其他人的供应，也就是具有非排他性或非竞争性。

2.生产的公益性

旅游公共服务具有纯公共产品或者准公共产品属性。对于纯公共产品而言，通常是免费提供的，这只能由政府来提供；对于准公共产品而言，可以采取低收费方式。

3.外延的变化性

旅游公共服务是一个动态概念。社会经济发展、技术进步等因素会引起旅游公共服务内涵和外延的变化。不同国家、地区的旅游公共服务涵盖的类型也并不完全相同。

二、旅游公共服务建设对旅游业高质量发展的意义

随着我国大众旅游时代的来临，旅游业发展进入重要战略机遇期，旅游公共服务面临新的机遇和挑战。根据文旅融合发展的新要求，国家相关部门启动了旅游服务中心和公共文化机构融合发展试点工作、促进交通运输和旅游融合发展等工作。旅游公共服务建设是健全现代旅游业体系的重要内容，是我国建设旅游强国的必然要求，体现了旅游业作为幸福产业的本质要求，对促进新时期旅游业高质量发展具有重要意义。

1.旅游公共服务建设是健全现代旅游业体系的重要内容

健全和完善现代旅游业体系是实现旅游业高质量发展的基础。现代旅游业体系的内涵是围绕旅游业和旅游相关行业各环节和领域所构成的一个有机整体。它涵盖的内容较为广泛，包括要素体系、产品体系、支撑体系和保障体系。旅游公共服务作为旅游业发展的重要保障要素，完善旅游公共服务体系是健全现代旅游业体系的重要任务之一。

目前，我国旅游公共服务体系初步建立，旅游公共服务水平不断提升。但是，我国旅游公共服务也面临需求不断增长与有效供给不足、游客需求普遍性与供给不均等矛盾。建设与现代旅游业体系相适配的旅游公共服务体系是现阶段的重要任务，完善旅游公共服务有助于实现打造现代旅游业的目标。

2. 成熟高效的旅游公共服务是建设世界旅游强国的必然要求

"十四五"旅游业发展规划指出，到2035年，我国旅游业综合功能全面发挥，整体实力和竞争力大幅提升，基本建成世界旅游强国。完善的旅游公共服务体系是世界旅游强国的重要标志。美国、法国等旅游发达国家普遍重视公共服务建设，它们是将旅游公共服务融入公共服务建设中，公共服务体系较为成熟和完善。

我国已经是旅游大国，旅游竞争力不断提升，旅游公共服务建设得到重视并成为各级政府的工作职责和重要内容。但是，我国离旅游强国还有一定的距离，而造成这种差距的重要因素就是旅游公共服务建设短板。建设完善高效的旅游公共服务体系，有助于缩小我国和旅游强国之间的差距，有助于实现世界旅游强国的目标。

3. 完善的旅游公共服务体现了旅游业作为幸福产业的本质要求

旅游是人们追求美好生活和精神生活需求的重要内容，是人们小康社会的"标配"。旅游业被定位为"幸福产业"，它能够给人们生活带来获得感、满足感和幸福感。坚持旅游为民，以人民为中心，满足人民群众特色化、多层次的旅游需求是新时期我国旅游业发展的基本原则。

旅游公共服务作为公共服务建设的重要组成部分，实现其均等化、均衡性和可及性，满足多层次、多样化的公共服务需求，使得人民群众生活更加丰富多彩，是现阶段我国面临的重要课题，也是政府的基本职责。完善的旅游公共服务为人们在旅游过程中享受便捷服务、共享旅游设施等提供了便利条件，让旅游发展成果惠及人民大众，真正实现旅游成果为民所享，让人民群众享有高质量的幸福旅游体验，这体现了旅游业作为幸福产业的本质要求。

4.健全的旅游公共服务是新时期旅游业发展的内在要求

"十四五"时期是我国旅游业发展的重要战略机遇期。旅游成为小康社会人民美好生活的刚性需求，大众旅游时代全面来临，人们的旅游消费需求发生两个重要转变，即从低层次向高层次转变、从观光旅游向休闲度假转变。人们对旅游品质的要求愈加凸显，对旅游信息服务、旅游安全保障、旅游公共服务设施等的需求更大、要求更高。

经过多年规划建设，我国旅游公共服务工作取得了不少成绩，在旅游厕所革命、旅游交通基础设施网络建设、旅游服务中心体系建设等方面提升了服务水平。但是，旅游公共服务品质与人们的新期待和旅游业转型发展要求存在一定的距离。进一步加大改革创新力度，不断完善旅游公共服务建设，是适应新时期旅游业高质量发展的必然选择。

三、高质量旅游公共服务建设的瓶颈

明确旅游公共服务建设的短板和弱项，是推进高质量旅游公共服务建设的着力点。由于我国旅游管理体制机制不完善，旅游公共服务体系的供给无论是数量还是质量都难以满足人们的多元高质需求，积累了许多结构性问题。（夏杰长、徐金海，2017）当前我国旅游公共服务建设存在的问题，突出表现在供给主体、供给模式、供给内容和供给体制等四个方面。

1.旅游公共服务供给主体单一

长期以来，我国公共服务实行政府统一配置资源，政府在公共资源配置中起着主导作用。政府统一配置资源能够"集中力量办大事"，能够考虑到绝大多数人的利益；但同时存在一定的局限性，如有效供给不足、供给效率低下等问题。旅游公共服务作为公共服务的重要组成部分，也存在着类似的问题。旅游公共服务供给过多依赖政府单一主体，而供给主体单一化不可避免地造成运营效率低下、有效供给不足等问题。分析其原因：一是政府受"政绩思维"影响，存在重建设、轻管理，重硬件、轻软件等问题，专业化不强，整体运营效率低下，旅游公共服务品质与旅游者期待存在一定的差距；二是人们对旅游公共服务量和质的要求不断提高，政府对市场需求的敏感性不强，对市场信息的获取存在滞后性，导致旅游公共服务供给无法有效满足市场需求。因此，要实现高质量旅游公共服务，首先要解决旅游公共服务供给主体单一的问题。

2.旅游公共服务供给模式弊端显现

公共服务供给模式是和公共服务供给主体相伴而生的。当前关于公共服务供给模式有三种不同观点：一是权威型供给模式，即公共服务建设是政府的职责；二是商业型供给模式，即完全由市场来提供公共服务；三是多元化供给模式，即除权威型和商业型供给主体外，还可以引入志愿型供给主体。现阶段，第二种和第三种供给模式大多停留在探索阶段。权威型供给模式作为我国传统的公共服务供给模式，发挥了一定的积极作用，但是其弊端也逐渐显现。权威型供给模式是政府"全能型"供给模式，由政府提供公共服务，由政府承担经费。而政府的财力是有限的，无法满足日益增长的旅游公共服务需求，进而导致了旅游公共服务供给的"缺位""错位""越位"。因此，创新旅游公共服务供给模式，发挥政府的"掌舵"作用，鼓励企业、民间组织等参与和支持旅游公共服务建设，是实现高质量旅游公共服务供给的必然选择。

3.旅游公共服务供给内容不能与时俱进

党的十九大报告指出，我国社会主要矛盾已经转化为人民日益增长的美好生活需要和不平衡不充分的发展之间的矛盾。人民群众期望有更可靠的社会保障、更美好的环境、更便利的生活设施、更丰富的精神生活。随着社会经济发展和旅游需求变迁，人民群众对旅游公共服务的需求愈加多样化、差异化，旅游公共服务内容也越来越丰富，涵盖的内容涉及"吃、住、行、游、购、娱"和"商、养、学、闲、情、奇"所需要的方方面面。当前我国旅游公共服务顶层设计不足，前瞻性不够，建设内容尚不能与时俱进，旅游公共服务数字化水平有待提升，旅游公共服务软硬件建设短板明显，旅游公共服务标准落地实施不理想。长此以往，我国旅游公共服务必然出现有效供给不足、质量低下，不能满足人民日益增长的旅游公共服务需求。

4.旅游公共服务供给"分割"现象严重

长期以来，我国旅游管理体制不能适应旅游业的产业地位，现行的旅游管理体制最大问题在于多头管理、政出多门、条块分割。旅游公共服务建设也不例外，旅游公共服务建设存在区域分割、部门分割、条块分割等问题，存在体制机制障碍。这种体制机制障碍会导致不良后果：一是"条条"与"块块"之间形成管理"空地"，造成无人负责的现象；二是容易造成政出多门、互相打架等"过度管理"现象；三是容易造成"条条"或"块块"的"自利行为"。区域分割、部门分割、条块分割等最终会导致无法形成共建共享的旅游公共服务体系。因此，打破跨区域行政区划限制，加强跨地区统筹协调，共建共享旅游公共服务设施，是高质量旅游公共服务建设的机制保障。

四、高质量旅游公共服务体系的构建策略

高质量旅游公共服务体系是新时期我国旅游业发展的重要任务之一，是践行"旅游为民"的基本原则，是满足人民日益增长的美好生活需要目标的体现。针对旅游公共服务建设瓶颈，本书探讨性地提出以下发展策略。

（一）构建高质量旅游公共服务体系框架

高质量旅游公共服务体系的构建，要以满足人民日益增长的美好生活需要为出发点，有力提升人民群众的获得感、幸福感和安全感，助推旅游业实现更高质量、更有效率、更加公平、更可持续、更为安全的发展。李德国、陈振明（2020）从获得感、幸福感、安全感三个维度出发，构建公共服务框架体系：（1）获得感，侧重工作、生活条件，强调社会物质生活条件；（2）幸福感，侧重生活质量，强调使个体提升自我实现的机会与能力；（3）安全感，来源于可持续

发展的生活环境，侧重社会性基础设施和生态基础设施。获得感来源于人民群众共享改革成果的满足感，它不同于幸福感，是一种实实在在的"得到"。因此，本书在李德国、陈振明（2020）研究观点的基础上，提出了旅游公共服务体系的基本框架，该框架由旅游条件、旅游质量、旅游环境构成，分别对应获得感、幸福感、安全感，具体如图8-1所示。

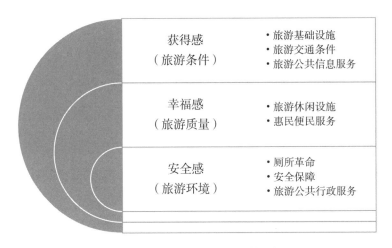

图8-1　高质量旅游公共服务体系框架

　　旅游公共服务体系框架具体包括旅游基础设施、旅游交通条件、旅游公共信息服务、旅游休闲设施、惠民便民服务、厕所革命、安全保障、旅游公共行政服务等八个方面的内容。一方面，由于我国不同地域间社会经济条件、旅游资源禀赋等存在差异性，实现旅游公共服务全域、全程、全主体覆盖具有一定的难度，不同地域可以根据自身情况采取相应的发展策略，鼓励有条件的地区探索建设高质量的旅游公共服务体系框架。另一方面，旅游公共服务体系框架中的建设内容要与时俱进，不同发展阶段应有相应的建设重点，例如，旅游公共信息服务中要结合现阶段情况有所侧重地建设和落地数字化项目。

（二）构建高质量旅游公共服务跨界共享机制

　　高质量旅游公共服务建设要立足旅游业长远发展，围绕旅游业发展目标，对旅游公共服务体系进行系统谋划，使得旅游公共服务成为推动旅游业高质量发展的重要引擎。建立高质量旅游公共服务跨界共享机制，既可以破解当前多头管理、条块分割等体制机制难题，又可以通过资源共享、利益共享避免重复性建设带来的资源浪费。

1.推动旅游公共服务的多元供给

长期以来，受计划经济和惯性思维的影响，我国旅游公共服务主要由政府部门"大包大揽"，由此造成了政府财政上的极大压力以及效率低下等问题。要创新旅游公共服务供给模式，突破政府单一供给模式，鼓励私人企业、协会组织、地方社区等第三方力量参与和承担公共服务项目的投资、建设，通过旅游公共服务的共建共享满足人民群众多层次、多样化的需求。

2.推动旅游公共服务的业态融合

有效衔接旅游公共服务与社会公共服务，实现旅游公共服务和社会公共服务共性内容的共建，推动两者的融合发展；推动旅游业与其他产业的融合发展，将旅游景区和交通干线、交通设施等进行结合，推进交通与旅游融合发展；推动多产业跨界融合发展，探索建设文体商旅综合体、美丽休闲乡村、旅游示范基地等，丰富人们的旅游休闲生活。

3.推动旅游公共服务的跨区域协作

探索旅游公共服务的跨区域协作是实现旅游公共服务资源共享、优势共享、互促发展的有益之举。通过跨区域协作，拓宽旅游公共服务区域范畴，打造跨区域公共服务产品，实现跨区域旅游资源、公共服务、社会福利共享。共建跨区域合作的公共服务平台，深化具体事项的跨区域办理机制，实现共建共用资源、共享信息，促成旅游公共服务同城化发展。

（三）推动高质量旅游公共服务的数字化

加强新技术在旅游公共服务领域的应用，推动旅游公共服务智慧化、数字化，加快旅游数字化基础建设，创新旅游公共服务方式，推进线上线下服务衔接，推动旅游公共服务数字化管理模式，提供智能、便利和快捷的旅游公共服务，提升旅游公共服务部门的运行效能。

1.加强旅游数字化基础建设

旅游公共服务要向更高效的方向转型，旅游数字化基础建设要先行。立足"数字中国"建设新阶段，以5G、大数据、云技术等数字新基建推动智慧旅游发展，是提升旅游公共服务的重要方式。推进重点旅游区域和游客集中区域的数字化基础设施建设，扩大5G覆盖区域；加快云技术、区块链、人工智能等在旅游公共服务领域的应用；推进大数据技术在景区、旅游厕所等场所的应用，实现对人流量的动态监测。

2.实现旅游公共服务方式数字化

探索旅游公共服务方式的创新，将新技术覆盖旅游全过程，实现游前、游中、游后的智慧化服务，推动智慧服务功能的全覆盖；探索线上线下相结合的旅游公共服务方式，在线下服务方式的基础上，通过云技术等创新旅游公共服务的提供方式，扩大旅游公共服务的覆盖范围；加快互联网和旅游公共服务的深度融合，推动旅游公共数据资源开放，推动旅游公共服务创新供给。

3.推动旅游公共服务管理模式数字化

加强旅游公共服务管理模式数字化建设，是推进政府职能部门治理能力现代化的重要举措。借助新技术手段，推动旅游公共服务数字化监管平台建设，通过数字监管等手段，增强旅游公共服务监测预警能力，提升旅游全过程的监管水平，实现精准化监管；通过数字化手段提高旅游公共服务部门的运行效能，发挥数字技术优势，优化跨部门业务流程，构建部门数据资源体系，打破"数据孤岛"现象，实现数据共享和线上集成化办理。

（四）打造高质量旅游公共服务的示范区

通过旅游公共服务示范区的建设，打造出一种具有示范性的建设模式，以推动整个区域的旅游业发展。示范区聚焦旅游公共服务的瓶颈和障碍，以实现旅游公共服务信息化、品质化、均等化、全域化、现代化和国际化发展为目标，大力推进改革创新，具有能在全国产生重要影响的示范性创新举措。

1.查漏补缺，实现旅游公共服务全覆盖

一方面，补齐旅游公共服务，特别是优质旅游的公共服务短板。以持续推进全域旅游为契机，强化配套要素供给，对基础功能进行改造升级，增加虚拟旅游、智慧旅游大数据平台等数字化基础设施建设，在区域甚至全国范围内形成示范。另一方面，建设全覆盖的旅游公共服务。全覆盖，一是全域范围的覆盖，二是受众群体的覆盖。旅游公共服务不仅要构建与全域旅游相匹配的旅游公共服务体系，而且要探索覆盖不同年龄群体的旅游公共服务，扩大旅游公共服务的覆盖面，让更多的群体可以平等享受优质旅游公共服务。例如，针对亲子旅游群体建设能够照护婴幼儿的母婴室；针对老年旅游群体、残障群体建设友好设施，建立老龄、残障长期照护体系。

2.以标准化引领示范区高质量建设

探索制定、出台旅游公共服务的相关标准，鼓励政府、协会和院校等制定团体标准、地方标准，健全和完善区域旅游公共服务标准体系；以高标准引领高质量，按照标准体系的要求，加强旅游公共服务示范区的建设和管理；加强示范区的示范和辐射带动作用，加强跨区域标准开放共享，以标准化推动旅游公共服务的全面发展。

3.以政策合力推进示范区高质量发展

一方面，由于旅游公共服务建设和管理涉及多部门、多主体，建立完善的综合协调机制和联席会议对破除旅游公共服务的"多头管理"具有重要作用，协调好旅游、交通、卫生、环保等部门之间的关系，为高效的旅游公共服务提供保障。另一方面，加大旅游公共服务示范区的金融、科技、土地等政策倾斜，形成旅游公共服务体系的政策合力，为示范区高质量建设提供政策保障。

案例导语

"我想带孩子去上海旅游，有哪些适合亲子游的景点？""想开车去景区，景区是否方便停车？""爸妈要去北京旅游，不会熟练使用智能手机怎么办？"游客对旅游公共服务的需求愈加精细化。旅游公共服务事关旅游业发展基础，事关游客的旅游体验。本章选取了以下两个案例，展示了我国旅游公共服务的提质升级。

案例8-1 旅游驿站的"驿"路风情

驿站，古时作为传递军情的官员途中食宿和换马的场所。经过数千年演变，时代赋予了"驿站"新的内涵。如今，旅游驿站是为游客提供休憩补给、信息咨询、文化展示、购物体验等服务的公共旅游场所及附属设施，是融"服务、宣传、公益"为一体的文旅休闲服务平台。"十四五"旅游业发展规划明确指出，要加快建设旅游驿站。应旅游业发展的现实需求以及国家政策的导向，各省市、地区陆续启动旅游驿站建设工作，其中浙江省推进成效最为显著。

浙江省旅游业发展"十四五"规划提出"打造全国旅游公共服务样板地，创建旅游驿站1000家（个）以上"的工作目标。建设旅游驿站是提升浙江省旅游公共服务水平、推进全域旅游、提升旅游品质的重要举措。如今，旅游驿站不仅是游客的休憩场所，为游客提供吃、住、行等基本服务设施；也是旅游环线上的靓丽风景，是在地文化、旅游资源的重要展示窗口。

截至2023年6月，浙江省公布了两批旅游驿站（试点）名单，其中一级旅游驿站69个、二级旅游驿站114个、三级旅游驿站118个，共计301个。

浙江省旅游驿站建设呈现了以下特点。

旅游驿站功能齐全

首先，作为旅游交通要道、旅游营地等的必要补充，旅游驿站须具备吃、住、行等基本服务功能，能满足游客在所处节点所需要的服务。例如，旅游驿站须设置停车场、旅游厕所等基础设施，能提供手机充电服务、饮用水服务、日用品补给服务以及自助医疗急救用品。其次，在满足基本需求的基础上，旅游驿站还能够提供体验服务和文化服务，成为在地文化、旅游资源的重要展示窗口。例如，旅游驿站可以提供图书阅读环境和服务，能提供特色文化项目、产品体验服务。嘉兴市南湖景区旅游驿站入选了浙江省第一批旅游驿站名单，驿站不仅提供了从信息咨询到票务预订等旅游相关基础服务，而且根据嘉兴南湖的红色文脉，设置了红色书屋、文创商店等功能区域。

旅游驿站因地制宜

根据旅游驿站所在点位的不同，浙江目前已经形成了景区依托型、绿道依托型、乡村依托型、公路依托型、城市主干道依托型、码头依托型等多样化的旅游驿站类型。不同类型旅游驿站建设突出因地制宜的特色，突出驿站场地环境的差异性，体现驿站的在地特色，使得驿站的建筑景观与当地自然环境和人文环境达到和谐统一。例如，莫干山剑池旅游驿站位于莫干山中心地段，是典型的景区依托型。为了不破坏莫干山的自然景观，使得建筑和自然景观浑然天成，莫干山剑池旅游驿站主体是由民国时期的旧房改造而成的，室内装饰也采用民国风格。

旅游驿站建设标准化

浙江省出台了《浙江省旅游驿站评分细则》（简称《评分细则》），并着手制定了《旅游驿站基本要求与评价》地方标准，实施旅游驿站标准化建设。《评分细则》共分两部分：一是必备项目检查，对环境与选址、休憩服务、补给服务、信息服务、质量管理、安全应急等6个项目进行评价，评价结果只设"达标"和"不达标"。当所有评价指标达标时，总评才能达标。总评达标的驿站被认定为浙江省"旅游驿站"，可参加浙江省旅游驿站等级评定。二是旅游驿站一般要有评分表，对环境与选址、休憩服务、补给服务、信息服务、体验服务、文化服务、质量管理等7个项目进行评价，并设置亮点加分项目，总分150分。总分达到130分或以上的认定为一级旅游驿站，100～129分的为二级旅游驿站，70～99分的为三级旅游驿站。

经过数年建设，浙江省形成和打造了一批有代表性的旅游驿站，它们在服务功能、文化传承等方面形成了亮点。

旅游驿站的功能边界不断拓宽

旅游驿站的功能从信息服务、休憩服务和补给服务等向体验服务和文化服务拓展，驿站建设从基础设施提升向多功能拓展转变。随着建设的不断成熟和完善，旅游驿站集休憩、购物、旅游、文化等功能于一体，服务边界不断延伸，功能得以拓宽。网易蜗牛读书馆原先是一个公益文化项目，开馆于2018年。读书馆配备了文旅宣传资料、中英文讲解服务等，具备信息服务功能；拥有母婴室、儿童区、休息区以及停车场等场所，能够提供休憩服务。网易蜗牛读书馆具备满足旅游驿站标准的条件，于2021年入选浙江省第一批一级旅游驿站（试点）名单。除旅游驿站的基本要素外，网易蜗牛读书馆旅游驿站还设置有咖啡吧、分享区、深度阅读空间以及沙龙区等，其中沙龙区不定期举办刺绣、剪纸等非遗体验活动。从建筑外观到室内设计，旅游驿站设计感十足。大众点评："美丽读书馆，抬头就是风景。网红的旋转楼梯，很是出片"；"人文阅读、文化创意、沙龙活动、艺文创作、展览演出、生活方式、咖啡餐饮、空间美学都在这里。共有三层，满足多种场景需要"。从功能上看，网易蜗牛读书馆旅游驿站具备了休憩、信息、消费、文化、休闲等多种功能，不仅具备旅游驿站的实用功能价值，而且满足了现代人网红打卡、文化体验等精神需求。

旅游驿站是在地文化的载体

旅游驿站作为旅游环线上的重要节点，是当地文化、旅游形象的重要展示窗口。依托景区景点、乡村要道等，旅游驿站承载着传承和发扬本土文化的重任。将本土文化活化成产品，既能让游客有很好的旅游体验，又能彰显当地文脉传承，体现文旅融合发展。青田素有"华侨之乡"的美誉。20世纪

80年代，远在异乡的华侨把咖啡带回了青田；如今，咖啡文化成为这座小城的独有味道。青田"咖啡之窗"旅游驿站是2022年入选的一级旅游驿站之一，是青田县咖啡文化和咖啡产业发展成果的集中展示平台。驿站主体区域分为咖啡文化展示中心和配套咖啡西餐厅设施，集咖啡展销、餐饮、休闲娱乐等功能于一体。与其说"咖啡之窗"售卖的是咖啡，不如说是"售卖"青田咖啡文化。"咖啡之窗"还开设咖啡知识普及课和体验课，为游客体验咖啡制作和感受青田的咖啡文化氛围提供了一个平台。

案例8-2 智慧旅游适老化示范案例："乐游上海"

在人口老龄化的背景下，新一代老年人具有更好的身体条件、更强的消费能力以及更充裕的闲暇时间，老年人的旅游意愿和消费能力更为强烈，银发旅游市场成为我国旅游市场的重要组成部分。《中国老年旅居康养发展报告》指出，旅游成为老年人退休生活的重要内容，受访老年人平均每年进行8次国内旅游、1次出境旅游，每次旅行花费数千元。尽管如此，现阶段我国银发旅游市场仍存在供需错位现象，适老化产品、适老化设施、适老化服务等无法满足蓬勃发展的老年旅游市场需求。"数字鸿沟"问题仍然存在，无法熟练使用智能设施的老年人在数字旅游时代有被边缘化的风险。

"乐游上海"是上海文旅总入口，主要有信息咨询、预约服务等功能，是上海文化和旅游局向公众提供的文旅公共服务平台。针对老年人的出游需求，"乐游上海"通过友好的"长者版"登录界面帮助他们更好地使用智能手机和获取信息；通过线上有声讲解等方式为老年人提供更便利的旅游公共服务。

"长者版"登录界面

"乐游上海"有两种登录界面模式：常规版和长者版。常规版登录界面内容丰富、图文并茂，为公众提供全面而有深度的文旅资讯。对老年人而言，这样的排版界面却会造成一定的困扰，小图标、小字号是老年人获取信息的障碍。因此，"乐游上海"推出适合老年人使用习惯的"长者版"登录界面。"长者版"登录界面包括7个功能模块：旅游景区、游客服务、乡村民宿、展演速递、文旅码预约、热门路线和玩转申城。界面采用大字号，摒弃大量图片，视觉效果简洁明了，符合老年人的浏览和使用需求。

"常规版"界面　　　　　　　　　　"长者版"界面

无障碍预约服务

通过线上线下组合拳为老年人推出无障碍预约服务。第一，提供亲友预订功能，实名预订后老年人可以凭身份证入场；第二，对于不能使用智能设备的特殊人群，可以在文旅场馆进行预约；第三，针对65周岁以上的老年人，出示本人有效证件可以优先入场。此外，"乐游上海"后台实现智慧化管理，提供"查询功能"和"汇聚分析功能"。通过后台可以查询老年人入场情况，实现快速找人以及为文旅场馆提供适老化产品（服务）提供数据支撑。

线上有声讲解服务

为了保障老年人顺利地获取文旅资讯，"乐游上海"将"当季推荐""微游打卡""非遗拾萃""博物探秘""上海老字号"等板块内容采用"有声讲解"方式，公众可以在文章首页选用"朗读"模式或者在文章详情页采用"听文章"模式。通过线上有声讲解方式，让老年人共享数字化便利，体现"数字温度"。

"乐游上海"线上语音讲解界面

截至2022年12月，文旅部发布了两批智慧旅游适老化示范案例，24个典型案例覆盖省市、区县以及景区等多种类型。省级层面的"乐游上海""游云南""乐游冀""水韵江苏""一码游贵州"等文旅公共服务平台，在推进文旅产业数字化转型的同时，聚焦数字化的适老化建设和改造。例如，"游云南"推出"长辈模式"，通过界面优化、程序简化、字体增大等方式，满足老年人的使用需求；"乐游冀"实现预约购票核销一体化，简化老年人的入园程序；"水韵江苏"为解决老年人卡多、忘带卡等问题，将预订和购买的旅游产品加载至个人社保卡，实现"一卡通"。

此外，针对老年人的需求和诉求，颐和园、黄山、平潭、瘦西湖等景区在推进智慧化景区建设方面不遗余力，通过物联网技术、智能化技术、人脸识别等方式在预约、购票、入园、导览以及其他便民服务等方面为老年人提供便利，提高老年人的旅游体验，让老年人共享数字化改革成果。

一方面，这些案例深入贯彻和落实了《关于切实解决老年人运用智能技术困难的实施方案》《关于深化"互联网+旅游"推动旅游业高质量发展的意见》等政策文件；另一方面，这些案例以数字技术解决老年人"数字鸿沟"问题，以数字赋能老年人出游，使旅游发展成果惠及更多的群体，实现"老游所乐""旅游为民所享"。人口老龄化是我国长期的基本国情，积极应对人口老龄化国家战略，持续推进智慧旅游适老化工作，丰富旅游适老化应用场景，提供更多适老化旅游产品，是我国省市、区县和景区旅游发展的关键任务。

参考文献

[1]陈琳琳，徐金海，李勇坚.数字技术赋能旅游业高质量发展的理论机理与路径探索[J].改革，2022（2）：101-110.

[2]陈晓晖，姚舜禹.高质量供给与高质量需求有效对接是供给侧改革之旨归[J].当代经济管理，2022，44（8）：17-22.

[3]程锦，陆林，朱付彪.旅游产业融合研究进展及启示[J].旅游学刊，2011，26（4）：13-19.

[4]程玉，杨勇，刘震，等.中国旅游业发展回顾与展望[J].华东经济管理，2020，34（3）：1-9.

[5]崔祥民，柴晨星.创新人才聚集对经济高质量的影响效应研究——基于长三角41个城市面板数据的实证分析[J].软科学，2022，36（6）：106-114.

[6]戴斌，李鹏鹏，马晓芬.论旅游业高质量发展的形势、动能与任务[J].华中师范大学学报（自然科学版），2022，56（1）：1-8，42.

[7]戴斌.高质量发展是旅游业振兴的主基调[J].人民论坛，2020（22）：66-69.

[8]戴克清，蒋飞燕，莫林丽.乡村旅游高质量发展评价及其优化对策[J].皖西学院学报，2020，36（6）：22-28.

[9]邓元兵，赵露红.基于SIPS模式的短视频平台城市形象传播策略——以抖音短视频平台为例[J].中国编辑，2019（8）：82-86.

[10]杜积西，陈璐.西部城市形象的短视频传播研究——以重庆、西安、成都在抖音平台的形象建构为例[J].传媒，2019（15）：82-84.

[11]杜志雄，罗千峰，杨鑫.农业高质量发展的内涵特征、发展困境与实现路径：一个文献综述[J].农业农村部管理干部学院学报，2021（4）：14-25.

[12]丰晓旭，夏杰长. 中国全域旅游发展水平评价及其空间特征[J]. 经济地理，2018，38（4）：183-192.

[13]冯海英. 宁夏革命文物的时代价值和红色旅游高质量发展的思考[J]. 民族艺林，2020（2）：102-110.

[14]冯敬，周红梅. 大型体育赛事助推城市高质量发展的效应研究——以成都第31届世界大学生运动会为例[J]. 现代营销（学苑版），2021（8）：110-111.

[15]冯凌. 我国旅游业科技创新特征与技术支撑体系研究[J]. 科技管理研究，2018，38（4）：117-120.

[16]高伟，陶柯，梁奕."双循环"新发展格局：深刻内涵、现实逻辑与实施路径[J]. 新疆师范大学学报（哲学社会科学版），2021，42（4）：2，7-18.

[17]葛雪梅，郑迎红，张灿. 文旅融合背景下河北省红色旅游高质量发展策略研究[J]. 河北企业，2021（6）：28-30.

[18]葛知萍. 全域旅游创新发展的探索与思考——以贵州六盘水为例[J]. 中国集体经济，2021（29）：17-18.

[19]国家体育总局. 体育产业发展"十三五"规划[R/OL].（2016-07-13）[2023-05-12]. https://www.sport.gov.cn/n10503/c733612/content.html.

[20]国家统计局. 党的十八大以来经济社会发展成就系列报告之十三.（2022-09-30）[2023-07-07]. http://www.stats.gov.cn/sj/sjjd/202302/t20230202_1896690.html.

[21]国务院."十四五"旅游业发展规划[R/OL].（2022-01-20）[2023-03-10]. https://www.gov.cn/zhengce/content/2022-01-20/content_5669468.htm.

[22]何建民. 新时代我国旅游业高质量发展系统与战略研究[J]. 旅游学刊，2018，33（10）：9-11.

[23]胡静，贾垚焱，谢鸿璟. 旅游业高质量发展的核心要义与推进方向[J]. 华中师范大学学报（自然科学版），2022，56（1）：9-15.

[24]黄庆华，周密. 以新发展理念推动高质量发展[N]. 中国社会科学报，2021-12-8（3）.

[25]黄鹰西. 基于利益相关者模型的江西全域旅游高质量发展研究[J]. 河北

旅游职业学院学报，2021，26（2）：27-32.

[26]柯晓兰.乡村旅游高质量发展的困境及路径优化——基于四川省17县（区）25个乡镇的调查[J].资源开发与市场，2021，37（10）：1247-1255.

[27]李德国，陈振明.高质量公共服务体系：基本内涵、实践瓶颈与构建策略[J].中国高校社会科学，2020（3）：148-155，160.

[28]李冬花，张晓瑶，陆林，等.黄河流域高级别旅游景区空间分布特征及影响因素[J].经济地理，2020，40（5）：70-80.

[29]李君轶.数字旅游业发展探析[J].旅游学刊，2012（8）：11-12.

[30]李鹏，邓爱民."双循环"新发展格局下旅游业发展路径与策略[J].经济与管理评论，2021，37（5）：21-30.

[31]李爽，甘巧林，刘望保.旅游公共服务体系：一个理论框架的构建[J].北京第二外国语学院学报，2010，32（5）：8-15.

[32]李亚铭，张雯暄.地方愿景与用户修正——城市形象短视频对官方宣传片的解构与建构[J].传媒，2020（20）：82-84.

[33]李志远，夏赞才.长江经济带旅游业高质量发展水平测度及失配度时空格局探究[J].南京师大学报（自然科学版），2021，44（4）：33-42.

[34]刘建翠.中国的全要素生产率研究：回顾与展望[J].技术经济，2022，41（1）：77-87.

[35]刘梦华，易顺.从旅游管理到旅游治理——中国旅游管理体制改革与政府角色扮演逻辑[J].技术经济与管理研究，2017（5）：97-103.

[36]刘阳.博物馆与旅游业融合发展：机理、动力与路径[J].博物馆管理，2019（1）：35-42.

[37]刘毅菲."广东一分钟"对城市形象的微视频传播[J].传媒，2020（21）：57-59.

[38]刘雨婧，唐健雄.中国旅游业高质量发展水平测度及时空演化特征[J].统计与决策，2022，38（5）：91-96.

[39]刘治彦.文旅融合发展：理论、实践与未来方向[J].人民论坛·学术前

沿，2019（16）：92-97.

[40]龙志，曾绍伦. 生态文明视角下旅游发展质量评估及高质量发展路径实证研究[J]. 生态经济，2020，36（4）：122-128，162.

[41]陆江源，相伟，谷宇辰. "双循环"理论综合及其在我国的应用实践[J]. 财贸经济，2022，43（2）：54-67.

[42]罗玉婷，陈林华，徐晋妍. 大型体育赛事助力上海城市国际化历程、经验及启示[J]. 体育文化导刊，2019（12）：37-43.

[43]吕雁琴，陈静，邱康权. 新发展理念下中国旅游业发展水平的空间非均衡及动态演化研究[J]. 新疆大学学报（哲学·人文社会科学版），2021，49（3）：1-9.

[44]马波，高丽鑫，寇敏. 旅游业高质量发展的微观机理探析——以旅游性价比为中心[J]. 华中师范大学学报（自然科学版），2022，56（1）：16-24.

[45]马勇，唐海燕. 红色旅游产业生态圈的构建与创新研究[J]. 旅游论坛，2021，14（6）：41-52.

[46]潘闻闻，邓智团. 创新驱动：新时代人民城市建设的实践逻辑[J]. 南京社会科学，2022（4）：49-60.

[47]彭华. 旅游发展驱动机制及动力模型探析[J]. 旅游学刊，1999（6）：39-44.

[48]屈小爽，徐文成. 旅游业与生态环境协调及高质量发展——基于黄河流域研究[J]. 技术经济与管理研究，2021（10）：123-128.

[49]任保平. 新时代高质量发展的政治经济学理论逻辑及其现实性[J]. 人文杂志，2018（2）：26-34.

[50]师博，任保平. 大型体育赛事助推城市高质量发展的效应研究——基于第14届全运会的分析[J]. 西安体育学院学报，2021，38（2）：134-139.

[51]宋迎昌. 新时代城市形象管理的"为"与"不为"[J]. 人民论坛，2019（S1）：87-89.

[52]孙伟，曹诗图. 乡村旅游高质量发展的困境、特征及实施路径[J]. 湖北文理学院学报，2021，42（11）：13-18.

[53]谭宇菲，刘红梅.个人视角下短视频拼图式传播对城市形象的构建[J].当代传播，2019（1）：96-99.

[54]唐磊.深圳国际城市形象：域外"专家意见"与"大众感知"[J].深圳大学学报（人文社会科学版），2020，37（2）：41-49.

[55]田磊，张宗斌.中国旅游业绿色增长的演变特征及其影响因素[J].山东师范大学学报（人文社会科学版），2018，63（1）：116-125.

[56]汪彬.黄河流域生态保护与高质量发展国家战略的时代要求、战略目标与国际治理经验借鉴[J].云南行政学院学报，2021，23（6）：149-161.

[57]王冬冬.符号消费视域下的城市形象影像叙事研究[J].湖南社会科学，2018（1）：153-158.

[58]王健菊，任红怡.大数据背景下贵阳创新型中心城市建设思路[J].宏观经济管理，2017（12）：87-92.

[59]王娟娟.双循环视角下黄河流域的产业链高质量发展[J].甘肃社会科学，2021（1）：49-56.

[60]王克岭.创新驱动下旅游发展的动能与路径[J].企业经济，2019，38（2）：5-12.

[61]王胜鹏，冯娟，谢双玉，等.中国旅游业发展效率时空分异及影响因素研究[J].华中师范大学学报（自然科学版），2020，54（2）：279-290.

[62]王胜鹏，乔花芳，冯娟，等.黄河流域旅游生态效率时空演化及其与旅游经济互动响应[J].经济地理，2020，40（5）：81-89.

[63]王相飞，康益豪，延怡冉.马拉松赛事对举办地城市形象影响的实证研究——基于马拉松跑者的新视角[J].武汉体育学院学报，2020，54（3）：20-27，33.

[64]王莹莹.乡村振兴视阈下乡村旅游高质量发展研究[J].现代农村科技，2021（9）：3-4.

[65]王兆峰.双循环背景下旅游业高质量发展的实现路径[J].企业经济，2022，41（2）：2，41-47.

[66]魏婕，李梦，任保平.中国旅游业发展质量的时序变化与地区差异研究[J].商业经济与管理，2016（10）：78-87.

[67]魏敏，彭倩.从产业附加值看改革开放40年中国旅游业发展质量及变迁[J].旅游学刊，2019，34（1）：8-10.

[68]魏翔.数字旅游——中国旅游经济发展新模式[J].旅游学刊，2022，37（4）：10-11.

[69]吴晓蓉，胡甜.教育高质量发展：内涵、标准及实践[J].教育与经济，2022，38（2）：28-34.

[70]吴彦辉.乡村旅游高质量发展：内涵、动力与路径[J].广西大学学报（哲学社会科学版），2021，43（5）：102-107.

[71]夏杰长，李銮淏.数字化赋能国际贸易高质量发展：作用机理、现实挑战和实施路径[J]国际贸易，2023（1）：56-65.

[72]夏杰长，徐金海.以供给侧改革思维推进旅游公共服务体系建设[J].河北学刊，2017，37（3）：126-130.

[73]夏杰长.促进旅游公共服务体系建设的政策着力点[J].社会科学家，2019（5）：7-12.

[74]象山县人民政府.象山县"十四五"旅游业发展规划[R/OL].（2022-10-13）[2023-07-15]. http://www.xiangshan.gov.cn/art/2022/10/13/art_1229680424_175599 27.html.

[74]肖黎明，王彦君，郭瑞雅.乡愁视域下乡村旅游高质量发展的空间差异及演变——基于黄河流域的检验[J].旅游学刊，2021，36（11）：13-25.

[75]徐虹，范清.我国旅游产业融合的障碍因素及其竞争力提升策略研究[J].旅游科学，2008（4）：1-5.

[76]徐菊凤.旅游公共服务：理论与实践的若干问题[J].旅游学刊，2012，27（3）：6-7.

[77]许春蕾.波士顿国际马拉松旅游形象建构与意义表达及启示[J].体育文化导刊，2020（10）：105-110.

[78]严伟.演化经济学视角下的旅游产业融合机理研究[J].社会科学家，2014（10）：97-101.

[79]阎友兵，胡欢欢.中国旅游业高质量发展水平的测度及时空演化分析[J].湖南财政经济学院学报，2021，37（1）：5-18.

[80]杨彬.发展全域旅游，共享美好生活[J].旅游学刊，2020，35（2）：1-3.

[81]杨琳，许秦.基于场域理论的国际马拉松赛与城市形象传播策略研究[J].湖南大学学报（社会科学版），2019，33（4）：147-152.

[82]杨强.体育产业与相关产业融合发展的内在机理与外在动力研究[J].北京体育大学学报，2013，36（11）：20-24，30.

[83]杨伟民.构建新发展格局的意义、内涵和任务[J].中国经济报告，2021，（4）：145-148.

[84]杨颖.产业融合：旅游业发展趋势的新视角[J].旅游科学，2008，22（4）：6-10.

[85]尹栾玉.基本公共服务：理论、现状与对策分析[J].政治学研究，2016（5）：83-96.

[86]岳音.破解二元结构实现共同富裕[N].人民日报海外版，2022-5-12（10）.

[87]曾玉兰，沈克印.体育旅游业高质量发展的动力要素与实现路径[J].体育文化导刊，2020（10）：84-91.

[88]张朝枝，杨继荣.基于可持续发展理论的旅游高质量发展分析框架[J].华中师范大学学报（自然科学版），2022，56（1）：43-50.

[89]张丽.国际交往中的城市：营销与功能提升[J].财经问题研究，2019（2）：122-128.

[90]张新成，梁学冬，宋晓，等.黄河流域旅游产业高质量发展的失配度时空格局及成因分析[J].干旱区资源与环境，2020，34（2）：201-208.

[91]张喆.短视频的场景化营销对城市形象塑造和传播的作用——以西安市为例[J].新闻爱好者，2019（12）：71-73.

[92]郑奕.博物馆提升城市软实力研究[J].东南文化，2019（4）：121-128.

[93]周成，冯学钢，张旭红.中国旅游科技创新的时空结构、重心轨迹及其影响因素研究[J].世界地理研究，2022，31（2）：418-427.

[94]周锦，王廷信.数字经济下城市文化旅游融合发展模式和路径研究[J].江苏社会科学，2021（5）：70-77.

[95]周湘鄂.文化旅游产业的数字化建设[J].社会科学家，2022（2）：65-70.

[96]庄伟光，邹开敏.广东以全域旅游推动旅游高质量发展[J].中国国情国力，2019（3）：7-10.